私の航跡

メディアと教育のあいだ

宇佐美 昇三

一藝社

オッペンハイマー取材
1960 年

目次

第二部

序文

大学院に教員として着任して間もない宇佐美先生は、教室ではなく教材作成室で授業を始められました。一九八六年四月のことです。この授業では、私たち十名ほどの大学院生で一本の英会話番組を制作することになっていました。新潟県上越市ではようやく雪の季節が終わり、雪解け水は草木の新芽を芽吹かそうとしていました。窓の外には青空が広がっていました。教材作成室には黒板がありません。宇佐美先生は、窓ガラスにマーカーでさらさらと文字と記号を書き始めました。それは宇佐美先生発案のレッセージのモデルでした。それは、送り手のメッセージはそのまま受け手に伝わるのではなく、受け手は自らが作り出す「レッセージ」としてそれを解釈するというアイディアを示していました。窓ガラスに描かれたそのモデルは、背景の青空に映えていました。この斬新な授業スタイルと講義内容は私たち受講生の心を弾ませました。「この先生から新しい理論とスキルを学べるのではないか」と皆が直感したのです。

回を追うごとに番組制作は進みました。受講生のある者は番組のディレクター役に、ある者は司会者役に、講師役に、生徒役に扮しました。私を含めて受講生の大部分は現職の教師でした。慣れ親しんだ座学でなく共同でものを創る学習形態に触発されて、私たちには新たな発想が次々に湧き上がったのです。それらは宇佐美先生によって適宜に番組制作に取り入れられました。私たちは制作に打ち込み、達成感を味わいました。番組完成後の打ち上げでは、酒豪ぞろいの受講生たちの輪の中にお酒を召し上がらない宇佐美先生も加わって、遅くまでお茶を片手に語り合ってくださいました。

一九八八年の夏、福岡市で開かれた学会に宇佐美先生と参加しました。同じホテルに三泊し、朝食をご一緒させていただきました。そこでうかがった先生の学生時代、そしてNHK時代のエピソードが忘れられません。その中の一つを紹介します。

一九六〇年代の後半から、東南アジア諸国より派遣されたディレクターへの演出研修を企画されました。先生は、研修初日前夜に研修生の顔写真と略歴を暗記され、翌朝はスタジオの入り口で「おはよう、ムハメッドさん!」と名前を呼んで迎え入れたというのです。人違いをしてしまったこともありましたが、そこで笑いが生まれて研修は和やかにスタートしたのだそうです。

私は食事の手を止めてその話に聞き入っていました。若かりし頃の先生が、優しいまなざしで一人ひとりの研修生に声をかけている様子が目に浮かびました。そして、同じ場面を経験するはずはないのに、その場に立つかもしれない自分の背中をそっと押してくれるような感覚に包まれました。私は先生に、「自分だけが聞くのではもったいない。本にして出版してください」とお願いしました。ところが先生は、首を縦には振りません。そして「自慢話だと受け取られるかもしれない。それは望むところではない」と仰いました。しかし、読者は自慢話と見識の共有との違いを区別できるはずです。私は名残惜しい気持ちで福岡の学会からの帰途に就きました。

それから四半世紀余りが過ぎました。このたび『私の航跡　メディアと教育のあいだ』が出版されることになりました。宇佐美先生は、二〇〇七年の『笠戸丸から見た日本』を始めに『蟹工船興亡史』、『信濃丸の知られざる生涯』を出版されました。それぞれ、船への愛情が結実した作品です。二〇一七年四月からは『缶詰時報』に『琴川渉捕物控』を連載され、生い立ち、学生時代、ＮＨＫ時代、大学教員時代を語られました。それは私が待ち望んでいたものでした。このたび、それらから抜粋した十五編をリライトしてこの一冊にまとめられました。私にとっては、長年の夢が叶ったことになります。各章からは真実を見抜く怜悧な視線、そして同時に人に対する暖かい眼差しを感じます。

宇佐美先生が辿られた航跡は、読者それぞれの人生航路にとっての灯台となることでしょう。

二〇二五年三月

大妻女子大学　教授　伊東　武彦

第一部

録音機を持つ私、1960年頃

第一章　院生まで

1　幼児期

一九三四年（昭和九）七月七日、私（宇佐美昇三）は名古屋市東区徳川町七丁目七番地で生まれた。その時、姉明子（一九二四年生）は数え年一〇歳、兄昌孝（一九二七年生）は同八歳、父俊治（一八九四年生）は三井物産の中堅社員で、戦前にニューヨーク支店で合計十二年間、勤務した。

その後半の六年間は、母（節子：一九〇三年生）と兄が一緒に米国で生活したので、私の幼年時代は米国製玩具がいろいろあった。家族間でもちょっとした用事に英語が使われた。

兄は小学校に通うようになると英語を忘れ、中学生になって時々ハッと思い出したそうだ。私は英語の依頼表現やそれに伴うマナーをいつしか覚えた（**写真**）。

兄・私（3歳ごろ）、姉

最初の記憶は一九三六年の二二六事件である。「タクシーに母と乗っていて、非常線で兵士に止められ、車は急に方向転換した」というもので、窓の外の兵士の上半身をはっきり覚えている。ただし母の話で作られた心像かもしれない。なにせ生後一年七ケ月である。

次の記憶は幼児期で父の宴会の席で斥候を真似て這っていたことだ。

私は幼児期から二〇代まで気管支喘息を患い、小学校（当時の呼称は国民学校）五年生まで毎学年二学期はほぼ登校できなかった。

初期の宗教観は、因果応報説で良い子でいれば喘息発作は治まると思っていた。また、幼児期は地震、雷など怪力乱神を恐れていた。

小学校に上がる前にカタカナは全部読み書きできた。

だが平仮名を読めないと知った父は、私が六歳になったある日、朝から夕方まで一日掛けて積み木で平仮名を全部覚えさせた。「あ」を覚えたら「い」を覚えさせる。父は、「あ」「い」を提示して、それぞれを正しくいえないと「あ」も「い」もまだ知らない積み木の群れに入れてしまう。父はこの方法で四八文字全部を一日で覚えさせた。

私にとっては大変な苦役だったが、一年生になって教科書を貰うと終わりまですぐ読めた。

兄の本棚に並んだ少年小説や科学の入門書がルビ（振り仮名）付きだったので繰り返し読み、漢字を覚えた。

二〇二三年夏に偶然、親類の家で私が祖母宛てに書いた手紙が見つかった（**写真**）。

片仮名漢字混じりの文で、祖母に貰った薬玉を見ながら「折り紙細工で帆掛け船、兎、花などを折ったのでお送りします」と書いてあった。

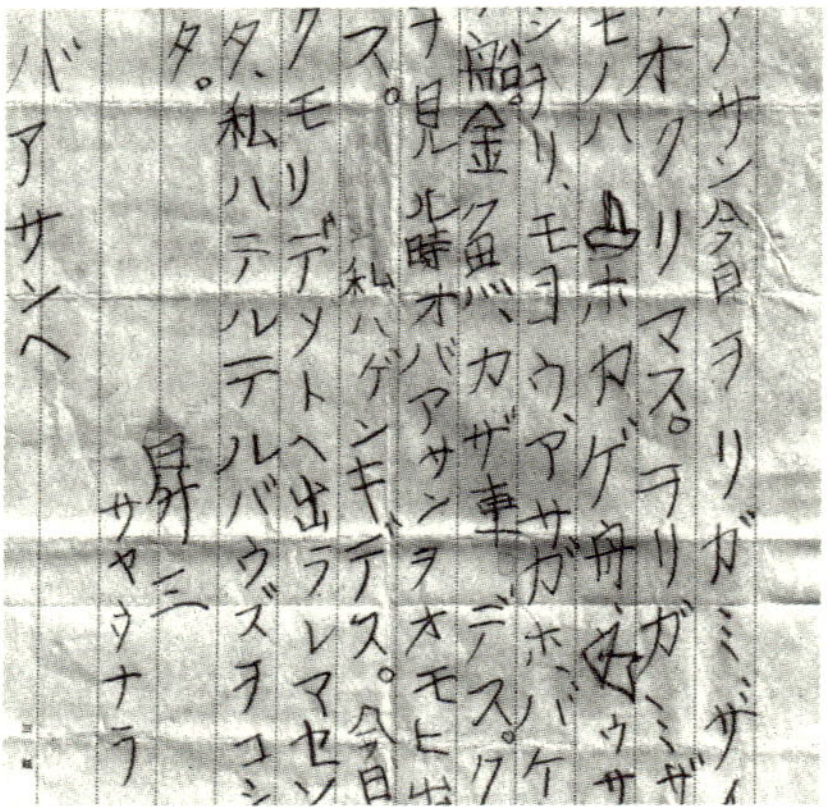
ンサン今日ヲリガミザイ
オクリマス。ヲリガミ、ザ
モノハ　ホカケ舟、　ウサ
シタリ、モヨウ、アサガホ、バケ
船金魚、カザ車デス。ク
ナ見ル時オバアサンヲオモヒ出
ス。私ハゲンキデス。今日
クモリデソトヘ出ラレマセン
タ。私ハテルテルバウズヲコシ
タ。
昇三
サヤウナラ
バアサンへ

祖母への手紙（部分）

その手紙と同封の姉から祖母宛ての手紙も見つかり、文面から姉が女学校高学年なので私が小学校一年生一学期の時に書いたと判明した。

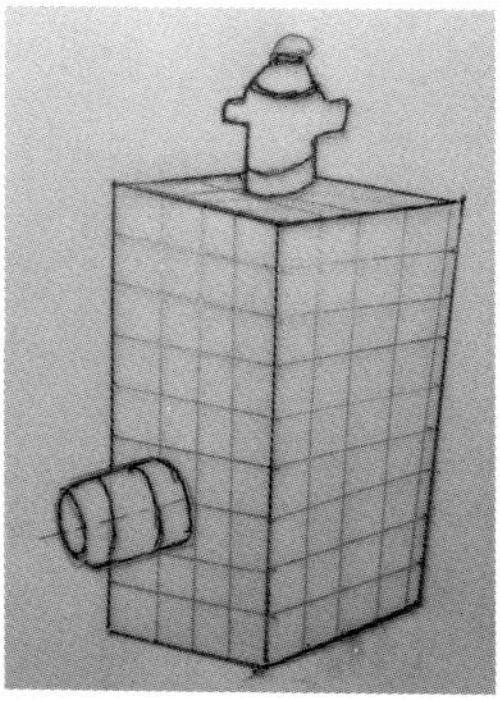

レフシー灯影機の素描

◆映像との出会い

映像についての私の初期の体験は、四歳ごろに兄にみせてもらった幻灯劇である。その幻灯機は「レフシー」という名前で白熱電球を縦長の箱の上部に取り付け、その下部に投影用の凸レンズと絵物語の送り装置が付いていた（図）。絵物語は6センチ×6センチのカードが8枚で一話だ。お話は『のらくろ』『カチカチ山』『猟師とポチ』だった。カードの横縁に小さな切り欠きがあり、レバーを上にするとカードの切り欠きに当たって一枚目のカードはパタンと下に倒れる。二枚目のカードはレバーを下げると、今度は下部に切り欠きがあってまた倒れる。以下、それを繰り返すのだ。弁士用の台本があって、兄はそれを読みながらレバーを操作して絵を変えた。投影画像は反射光線によるものだから薄暗いが、それでも夜の上映は楽しかった。だが『カチカチ山』には、おばあさんを殺すタヌキの背中の大写しがあって、それが映ると私はひどく怖がってしまい、兄を困らせた。絵本ではそうしたシーンも平気で眺められたから、幻灯幾が投影する画像には不思議な力があった。

私の小学校時代はほぼ太平洋戦争中で、劇場映画は四年生までに三本しか見ていない(1)。

(1)ドイツ映画『潜水艦西へ!!』、邦画『あの旗を撃て』、『花咲く港』の三本。

それも映像を眺めているだけで「二人が争っている」「女が逃げている」と部分的にしか理解できず、筋は説明できなかった。六年生になって米国映画『カサブランカ』を見て初めて筋や演技、映像技法を楽しめるようになった。その頃には菊池寛や石坂洋次郎の小説を読んでいた。

2 小学生・一九四一年

父の転勤と空襲、戦時中の疎開騒ぎで私は七年間に七校の小学校（当時は国民学校）を経験した。名古屋市の山口小学校は一年生一学期、一九四一年、東京（吉祥寺）武蔵野第四小の一年二学期から二年生で留年。一九四四年四月から佐世保市の大久保小（三年生一～二学期）、在中国米軍の北九州空襲開始で三重県菰野町へ縁故疎開。菰野小（三～四年生）、一九四五年八月終戦で九州へ。福岡市の春吉小（四～六年生）、世田谷区の上北沢小（六年生一学期）と旭小（二～三学期）である。相変わらず小児喘息が激しく、呼吸が止まりそうになる。子供心になぜ自分がこう苦しむのか不思議だった。学校も病欠する日が多かった。母が転校に際して手続きを遅らせ、欠席日数をわからなくしたので留年は一度で済んだ。

戦後の盛り場は焼け跡に闇市が立ち、復員兵や引揚者、空襲で親を亡くした子供が大勢いた。外地からの引揚児童もいたし、教室そのものが不足で午前だけや午後だけの学級もあった。欠席の多い子供も留年させなかった。

転校の副産物は地方にはその土地の言い回し、抑揚があることを知ったことだ。また習慣の違いから仲間はずれ、かげ口、いじめも経験した。「やられたら、やりかえせ」の時代だった。戦時中は軍事小説を読んだ。水野廣徳の『此一戦』は名文で暗記するまで何回も読みこんだ。山岡荘八の『御盾』では天皇中心の考えに感動した。

一方『発明発見物語』で合理的に物事を追及し発明する面白さを知った。父が買ってくれた宮澤賢治の『銀河鉄道の夜』では生死や宇宙の問題を考えさせてくれた。七月七日に生まれて星座が好きだったし、灯火管制のために都会でも星座はよく観測できた。星々の整然とした動きは、絶対者の存在を感じさせた。

◆原子爆弾の後

国民学校四年生の時、三重県菰野に疎開して一年目の夏、終戦の玉音放送を聞いた。起立して聞く「並四型」(2)のラジオ受信機からの音声は甲高く、文語文で意味が不明だった。八歳上の兄は「彼らの共同宣言の応じる」と聞き取って膝をついた。

父は戦時中に三井物産佐世保支店長から福岡支店長に異動し、本土決戦に備えて一九四五年六月に三井本社の九州地区副代表になった(代表は三井鉱山常務の森本光太郎氏)。重役一歩前である。私は母や姉に伴われて菰野発福岡に向かった。四日市から列車で亀山(特急つばめの流線形機関車が灰色に塗られて保管されていた)を経て京都に着いた。一泊して京都発、広島で朝が明けると一面の荒野だ。原爆が炸裂して一ケ月目、頑丈な倉庫が爆風で南北両側面の壁を吹っ飛ばされ、それと九〇度

(2) 真空管四本を使用する中波用の標準型ラジオ受信機。

になる東西の両壁は崩れずに立っている。

両手の手のひらを二〇センチほど離して向い合わせたようだ。瞬間的に強い爆風が通過した後だった。それが数ケ所に見えた（**写真**）。

翌年三月に姉が長崎の澤山精次郎と結婚、私は両親と長崎に行くと爆心地の浦上を通過した。三菱造船の船型試験場だった長い建物が、コンクリートの屋根を粉砕されていた。鉄骨だけがねじ曲がって波打ち三〇〇メートルも延々と続く。ネズミ捕りの籠を巨人が踏みにじったようだった。

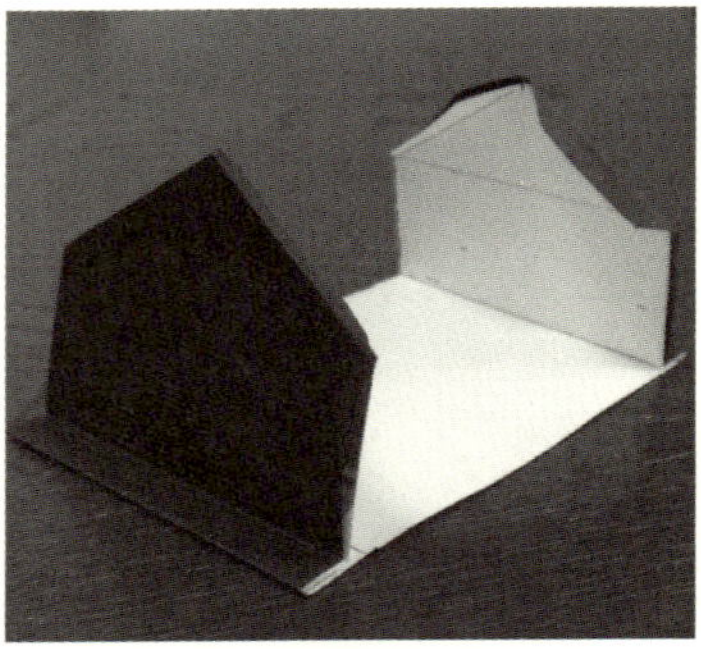

爆風を受けた倉庫の模型

澤山家から少し行くと戦艦「武蔵」を極秘建造した大きな船台が見えた。

一九四六年の秋、住宅事情から福岡市北の漁村津屋崎で学校に行かず、何ケ月か過ごした。翌一九四七年春に父の東京転勤で、門司から神戸まで「紫丸」で瀬戸内海を航海した。列車が込み合っていて遅延するため、船を選んだのだ。瀬戸内海の風景はもちろん、船首に砕け散る波の鮮やかな緑の波と白い泡に魅了された。

神戸港は米軍の残留機雷があり危険だった。母が前年一〇月に神戸に行ったとき、近くの練習船大成丸が触雷して沈没、練習生に死者を出していた。戦時中に軍港の町、佐世保で軍艦をみたこともあり、艦船への興味が育った。

◆キリスト教と出会う

戦時中の雑誌でクリスチャンの夫婦が中国で難儀しつつ、それでも讃美歌「十字架の上に あげられつつ敵を許しし この人を見よ」を歌って終わる記録を読んだ。私は「敵を許す」が意外で、母に「イエスって誰？」と質問した。母はその以前から「悪口をいう子は神様みたいな気持ちになって許しておやり」と教えていた。

旭小学校六年の三学期に世田谷区下馬町に移転した。家の応接間は半焼状態だった。隣家の少年松平守一君に誘われてキリスト教会の日曜学校にいった。松平君の両親は信徒で彼の父親から厚さ五センチ、皮装丁の立派な文語訳の『新・旧約聖書』を貰った。扉頁に彼の父がギリシア語と日本語で「汝の若き日に造り主を覚えよ」(3)と墨書してくれた。さらに松平君は旧約聖書の『ダニエル書講解』(4)を貸してくれた。講解書には七段の吊り庭を持つバビロンの宮殿の見事な**図**があり、私は古代文明の偉大さに目を見張った。

その頃、私は『プルターク英雄伝』でアレキサンダー大王やペルシアのダリウス王の話に親しんでいたので、それらと符合するダニエルの予言に息を呑んだ。

バビロンの図。『ダニエル書講解』

(3)『旧約聖書』「コレヘトの言葉」一二章一節。
(4)『ダニエル書注解』末世之福音社（著・発行）推定一九二六年版。

一方、新約聖書は一九四七年夏に桜上水の二神春三郎伯父の家に同居していたとき、部分的に触れていた。それはイエスの説教集で一〇頁ほどの薄いものだった。「一粒の種の譬え」などがある。伯父の書棚には聖書があってトルストイの童話や『生きる道』のほか、ビクトル・ユーゴーの『ああ無常（レ・ミゼラブル）』を読む時に聖書が役立った。

◆手書き新聞発行

父は長年勤めた三井物産が戦後の財閥解体で消え、五〇代に退職金ゼロの浪人になった。その時、聖書に力づけられたという。財閥解体で生まれた第一物産には、占領軍の命により旧三井物産幹部は三人しか再就職できない。そこで父は昔、培った人脈で各製鉄会社などの顧問をして外国の商社との橋渡しをしていた。住宅はなく下馬町に引っ越す前は、桜上水の伯父の家に間借りしていた。家族は長崎で結婚した姉、浜松で勉強中の兄、九州で同居していた親類などバラバラになり、いちいち手紙を書くのは大変なので「チェリーウオーター」という手書き新聞を私が発行し、伯父一家や家族、知人の消息をペラ一枚の新聞にして回覧してもらった。

◆『リッチランド大観』

桜上水の春三郎伯父には二人の息子がいて、長男重成さんは東京商大（現・一橋大）卒、次男は山梨大の学生だった。二人は私に勉強以外のことも教えてくれた。伯父の書斎に寝泊まりしていたので伯父の蔵書『世界文学全集』や『日本地理大系』などを乱読した。『日本地理大系』の簡潔な文体と、名所旧跡の説明に引用される古文の文体が大いに気に入った。ついにそれを真似て、日本国土の五％＝四国ほどの面積の架空の国「リッチランド」を設定し、そこに日本の人口、石炭の生産量、鉄道の総距離などを全部五％に縮尺して盛り込んだ。山脈は片側に寄せて平野を広く取り、火山は陸継島に配置して噴火しても本島に被害がないようにした。空想の歴史的事件の場所や景色の美しい名所旧跡を地図上に設け、写真代わりに風景画を挿入、架空の文学作品を引用して風景を称えた。それらを表紙や目次、奥付、裏表紙まである書籍『リッチランド大観』にした。

六年生の時、下馬町に転校してほぼ三学期しか在学しなかった旭小学校の出川不折先生は評価に困ったのだろう。何か自由に勉強したことはないかという。そこで『リッチランド大観』を提出した。先生は「国語、社会、理科、算数、図工の力はよくわかった」といって戻してくれた。

出川先生は旭小の校歌を作曲され、ご子息は和光学園を経てＮＨＫに就職させた。先生とのご縁は私の就職後も長く続いた。

3　和光学園中学生・一九四八年

中学・高校は進歩主義教育の和光学園に進んだ。小規模校で自治会活動や自由研究を奨励していた。和光学園は設備も貧しい学校だったが、中高時代は、それまでの小学校時代に比べてはるかに教師、友人に恵まれた。勉強も自治会活動も積極的にできた。一学年は一クラスで私は文芸部長をし、文集

「モクレン」を発行した（一号で終わる）。教室の壊れた椅子は材木を買い、大工道具は皆で手分けして自宅から持ち寄って修理した。講堂の床は亀の子たわしで磨き、バス会社から廃油をもらって染み込ませた。演劇祭の照明器具は近くの撮影所から借り出した。保護者の一人が山本嘉次郎映画監督だった。和光学園には脇田和や剣持勇など芸術家の子供が結構いた。

中学三年の時、和光はコアカリキュラム連盟の実験校になり、全国からコア連の有名な教師が着任した。

授業では「伊豆大島」へ行き、等高線がある地図をボール紙に貼り付けたものを三組作り、等高線を三本おきに切り抜く。それを積み重ねてできた立体地図模型で伊豆大島の歴史や歌、火山の成り立ちの作文を書いた。つまり「伊豆大島」をコアに全学科を学んだ。

① 石ころ

中三の時、理科の谷津榮壽先生(5)の指導で多摩川にゆき、クラス全員が拾った石ころをめいめいが重さや長径を測定しデータを集めた(6)。そのデータのグラフを私が書いた。平均値、中央値、四分位偏差などを先生に教わりながらレポートを仕上げた。河原の石ころも流れてくるうちにすり減って、大量に集めると、最高値を挟んで吊り鐘形に分布することがわかった。

(5) 谷津榮壽先生は私が上越教育大学に転職した時に上越教育大学教授だった。思いがけない嬉しい再会だった。先生は、定年で間もなく退職された。

(6) この時、水成岩や火成岩、砂岩、粘板岩、花崗岩など実物で学んだ。デューイやキルパトリックが唱えた「Learning by doing」が先生の頭にあったのだろう。

② 小豆

同様に中学生の時、庭で小豆を育てていて、その豆の数を一鞘ごとに数えて、グラフを作った。小豆も並数を挟んで吊り鐘形に分布する。だが並数は必ずしも平均値や中央値と一致しない。なんでも興味を持つ年頃だったから「大きくなったら統計をやる」と父に話したら叱られた。

父は「商社で統計をやるのは商売ができない人だ」という。実業界を交渉力で乗り切ってきた父の一言は、さすがに身に沁みた。

◆受洗

一九四九年に西武新宿線中井駅から一の坂を上がった下落合の家に移転すると、そのそばに作家の林芙美子の家があった。

さらに散歩すると目白文化村のアトリエのある家々があった。中学二年生の時、その目白文化村の先の日本キリスト教団目白教会で受洗した。父も同日に受洗した。父の知人の北村徳太郎氏、その長男の一也さんは二六歳で天に召された。五高、京大卒の秀才で、文筆に優れ『遺稿集：永遠への序曲』中の「ヨブ記に道を求める」に私は感動した。人間は絶対者である神に圧倒される、その断絶感。そして最後は、人は地にひれ伏す。そこで私が注目したのはヨブが「神と人の間に『仲裁者』が不在だ(7)」と嘆いた部分だった。

(7)「ヨブ記」九章三三節。

一九五〇年に警察予備隊が誕生した。それはやがて保安隊、さらに自衛隊と改称され、準軍事組織となった。当時は新宿区落合に警視庁予備隊（後の機動隊）があり、私は混同して考えていた。

4　和光学園高校生・一九五一年

高校二年生の一九五二年に大田区池上に父が住宅を購入して転居、大森めぐみ教会へ通った。池上には江戸時代の店舗や旧道が残り、池上本門寺の北側には馬込文士村がある。川端康成、室生犀星ら文学者の旧居が点在していた。

教会は自宅から数分の距離で広い敷地にあり、同世代の若者が大勢いた。自治活動が盛んで人形劇や影絵劇を制作し、クリスマスだけでなく、近隣の大森・蒲田地区や新宿区の恵まれない地域の母子寮などで子供たちに公演をしていた（**写真**）。

母子寮はつつましい親子が暮らしていると思ったが、子供たちが人形劇を見ていると、母親たちは離れて車座になって一升瓶を開けて飲んでいた。

公演後、寮長のおじさんが夕食を出してくれる。イカのフライとお刺身で私たちは大喜びでごちそうになった。手洗いの前

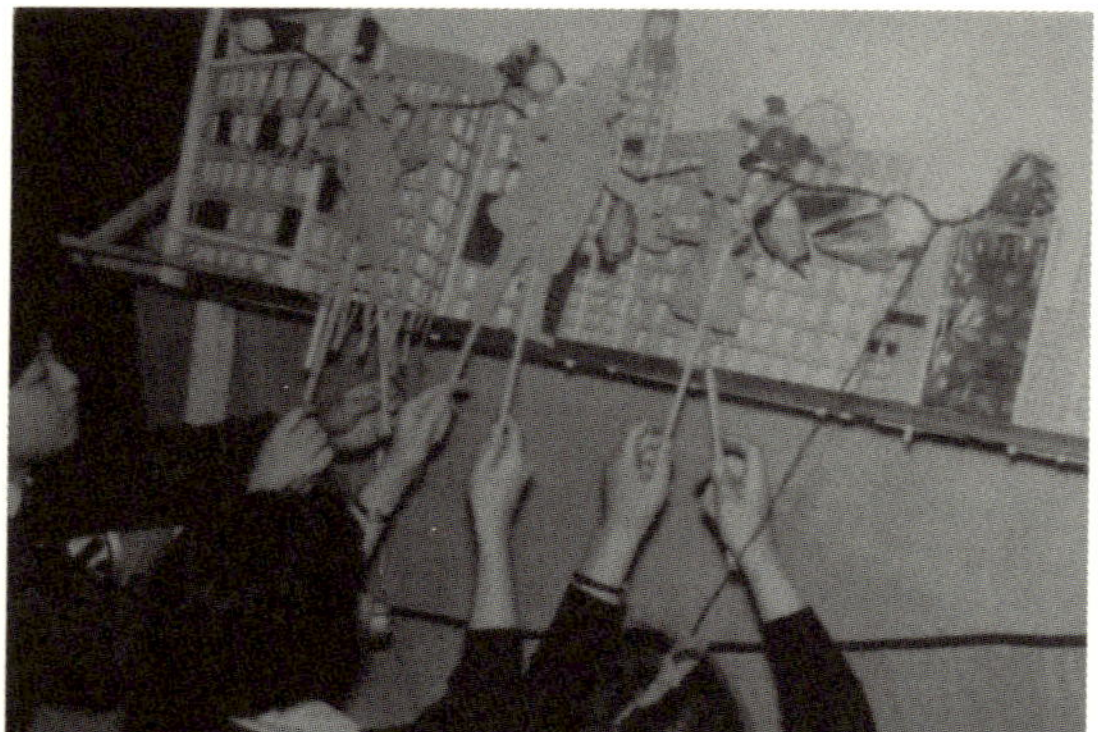

影絵劇「街のクリスマス」の舞台裏

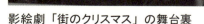

漁船の前で網元さん（中央）と劇団員、左上は私

にクレゾール石鹸を入れた洗面器があり「ずいぶん衛生に注意されているのですね」というと「昨日、赤痢が発生して何人か入院させました」といわれ、私たちは食欲を失った。

夏休みには教会員の縁で千葉県下の漁村、大網や片貝に出張公演に出かけた（**写真**）。漁村では不漁が続き、漁師の家は売り食いでその日を凌いでいた。「衣類などを持って行って慰問しても、親はお酒に変えて飲んでしまう」とその漁村出身の教会員がいう。「板子一枚、下は地獄」の生活で明日も知れない漁師は貯蓄をしないのだ。宿泊はその教会員の縁で、網元Aさんの家にした。広大な敷地に倉庫が並び、漁具置き場や水産物の加工場がある。朝食から天婦羅や塩焼きの魚、刺身、アサリの吸い物がつぎつぎにでた。網元が豊かなのに驚いた。網元さんは漁師の家族をいざとなれば養うので、資本の蓄積が必要なのだそうだ。

人形を操りながら客席の声に耳を傾けると子供たちは何によく反応するかがわかる。一回のセリフや動作では理解されないときは、それを繰り返す。逆に分かり切った話は短くして進行を早めるなど反応に留意した。子供たちは公演後も私たちのバスをずっと追いかけてきた。物珍しかったのだ。

時には東大の学生セツルメントと活動を共にした後、東大生から「教会は革命についてどう思うのか」などと聞かれた。

キリスト教会の周辺にも、共産主義を肯定する赤岩栄牧師がいる。そして共産党員からキリスト教に入信した椎名麟三、『硫黄島』で罪意識を描いた（と私が思った）菊村到などもいた。だが、中流家庭の高校生だった私には遠い話だった。そして私がどこまでキリスト教の伝道に真剣だったか、それは活動の面白さにひかれただけだったからかもしれない。

◆視聴覚教育との出会い

大森めぐみ教会は岩村清四郎牧師という教会教育に熱心な先生が牧していた。その兄は木村清松という有名な宣教者だった。清松牧師は種を撒くが、あとが育たないというのが清四郎牧師の考えだった。

私が転会して二年目に、米国に留学していた清四郎牧師の長男岩村信二牧師が帰国し、青年の指導に新しい風を吹き込んだ。一九五五年二月に信二牧師はスライド劇『明るい家庭』を制作し、家庭教育の重要性を強調した。このスライド劇はＡＶＡＣＯ（キリスト教視聴覚教育委員会）の備品として、広く貸し出されることになった。

当時のＡＶＡＣＯは青山学院の一角に施設があり、専門家がラジオ番組を製作し、映画やスライド、紙芝居を貸し出していた。私は、そのスタジオで村岡花子さんが録音するのを見学したことがあった。小説『赤毛のアン』の翻訳者で、戦前はラジオの子供向けニュースで村岡さんの声には私も親しみを覚えていた。

だが「録音中は動かないで」と休憩時間に村岡さんから厳しく注意された。私は調整室の録音機やアンプなどに気をとられて、思わず動き回っていたらしい。

私は軽井沢で開かれたAVACO主催の講習会で十六ミリ映写機（**写真**）の操作を覚えた。上映の場は教会以外に地域の婦人会や日産自動車の労使協議会だ。ＵＳＩＳ(8)の文化映画で討論やリクリエーションの方法を学びたいといわれて、出張映写会をした。

こうして社会教育の現場に触れた。

16ミリ映画用映写機と私

兄昌孝は電気のエンジニアで私に電気の理論を教えてくれた。また廃棄部品でテスターや短波受信機を組み立てて電気がどういうものか、実演してくれたので私もラジオの修理くらいはできるようになった。私は高校から大学まで教会や大学で人形劇や演劇活動をした。主に照明や音響の裏方である。大田区民会館では教会主催の『区民クリスマス』を開き、舞台を使って大規模な降誕劇をした。

一九五〇年代は日本に「視聴覚教育」が定着した時期で、私はデールのいう「経験の三角錐」の様々な段階に、具体的に触れた。「経験の三角錐」については第三章で触れる。

(8) ＵＳＩＳは米国大使館文化広報部門：文化映画ライブラリーがあり、映写機も貸し出した。

◆コミュニケーションの重要さ

① 言葉のすれ違い

区民会館の照明技師と仲良くなったある日、後輩を数人連れて照明設備を研修させに行った。だがホールの管理事務所は「今、舞踊の会の準備中だから見学はダメだ」という。そこで楽屋口から顔なじみの照明技師を呼び出して、舞台裏の三階にある調光器室へ後輩を案内した。その時、技師は「事務所は断りましたか」と尋ね、私は「はい、断りました」と答えた。この時、私たちは舞台裏の垂直なハシゴを昇る途中で私は先に登る技師の靴しか見ていない。そうして後輩に調光器を説明していたら、その技師が戻ってきて「嘘をついたな！」と怒る。技師は「断る」は「許可を得る」という意味で使い、私は「（事務所の人は駄目の意味の）断った」と短くいったのでスレ違いが生じたのだった。

② 身振り言語

同じ頃、ある演劇の稽古で舞台監督をしていた。助手が客席の奥に座った演出者から「開幕ベル、結構です」という伝言を舞台袖にいた私に伝えた。私は助手に「演出者は手を横に振っていったのか、それとも頷いていったのか」と聞いたら、助手は「演出さんをちゃんと見ていませんでした」という。身振り言語も大切な通信手段なのだ。結局「結構」とは「開幕ベルは稽古中なら不要」なのかと思ったら、実は「ベルの音、長さは申し分なし」という意味だった。

高校を卒業する日に、和光学園はユネスコの国際教育のモデル校に指定されたというニュースを聞いた。講堂の両側には新たに四教室を増築する建築工事が始まっていた。

一九五三年海上自衛隊が生まれ、米海軍のフリゲート艦が貸与された。私は戦時中から軍艦の模型製作に凝っていたので、友人を誘ってフリゲート艦「くす」（基準排水量一四五〇トン）の一般公開に行き、東京湾の航海を体験した。

5　立教大学学部生・一九五四年

私の高校時代に国際キリスト教大学（ＩＣＵ）が開学するという報道が流れた。武蔵野の森に囲まれた全寮制大学で、英語での授業が多いという。私は宮澤賢治のように科学的な肥料設計で農業生産を伸ばす活動に憧れていた。高校での自由研究は農業協同組合を調べ、将来は農村の近代化に従事しようと思っていた。当時、ＩＣＵには米国から来たジャージー種の乳牛がいる牧場も付属していた。戦時中の菰野暮らししか農業の現場を知らない私には、よい教育環境に見えた。しかし推薦入学の三条件を満たすと思った高三の夏、私は軽い肺浸潤に冒されてＩＣＵ受験を断念した。

立教大学は聖公会系で私の教会とは宗派は違うが英語教育に力を入れていたし、社会学は当時、新しい学問で興味が湧いた。まだ旧制高等学校の教養主義が立大教員のなかに残っていた。高校とは違う知的文化的な環境が立教にあり、さすがに伝統ある私立大だと思った。立大には八ヶ岳高原の清里にポール・ラッシュ先生が開いた高冷地酪農の農場があった。

◆録音機の思い出

ＮＨＫテレビの本放送開始は一九五三年二月である。受像機は十四インチ型で六万円、公務員初任給の七倍以上だった。教会の人形劇の巡回公演には普及し始めた録音機（テープレコーダー）が欲しかった。それがあればセリフの練習や、音楽の演出に役立つ。だが一台四万円以上した。すると立大で同級生の尼崎高義君が、自宅の録音機を譲ってくれるという。夏休みはそれを使って公演に力を入れた。

二学期に尼崎君にお礼を言おうとしたら、彼の姿がない。なんと白血病で休み中に亡くなっていた。彼は自分の余命を知って、語学練習用の録音機を譲ってくれたらしい。

ビキニ環礁では米国の水爆実験が盛んで、一九五四年には第五福竜丸をはじめ延べ千隻のマグロ漁船が汚染された。日本本土にも放射能を含む雨が降った。学生には尼崎君のように雨傘を持たない者もいたので、白血病との関連が疑われた。

ある夜、録音機で人形劇公演の記録をチェックしていたら公演録音が終わった後、ややあってかすかに彼の声が聞こえてきた。その消え残った声の感動が、私に視聴覚教育や教育テレビ番組制作を志向させた。

◆観光客のガイド

高三から大学まで、私は米国百万長者の弁護士ケント・ホール氏のガイドをして日本各地を訪れた。

ホール氏は父の知り合いの米国大手鉄鋼会社の顧問弁護士で、契約書を見ていた。契約書に遺漏が無ければ弁護士は仕事がない。彼が米国の客船ウイルソン号などでたびたび来日して観光する際、私はガイドをした。ある日、ホール氏は英字新聞を見て「ショウゾウ、またＩＢＭの株が上がった。（所得税軽減の必要経費として旅費を使うため）もっと日本を旅行しなければ……」といった。ＩＢＭがビジネスマシンの会社で計算機を製造していると分かった。だが機械式計算機だと私は思っていた。実は同社はすでに電子計算機を生産していた。一方、父は日米の企業を結びつけて活発に商談を進め、自宅に様々な資料を持ち帰って調べていた。ある時、父がユニバックのプログラム言語を一生懸命に研究していたので私は驚いた。ちなみに大型電算機を生産にいち早く導入したのは製鉄会社である。

私は米国留学を希望していた。ホール氏から来日する知人を次々に紹介され、ホール氏からもスポンサーになるといわれた。だが、その話は実らなかった。

◆テレビ番組のライター

私は文学部社会学科で、ジャーナリズムを学んだ。そして教育放送を卒業研究のテーマにした。教育放送が農村の生活改善に役立つと思ったからだ。私が映像に興味を持ったのは、立大四年生からテレビ教育番組のシナリオ執筆を手伝ったためだ。前述の従兄の二神重成さんがＮＨＫ教育局でディレクターになり、同僚に私のことを話した。その同僚はラジオからテレビの担当になり、私が視聴覚教育に興味があると知ってライターとして使ってくれた。

当時はテレビカメラの台数も限られていて、ひたすら出演者の顔を映す傾向があった。テレビなら絵や写真、模型をセット内に飾り、出演者を歩かせて視聴者の興味を引きだせるはずだ。私の担当番組は学校放送番組だから、長さも二〇分ほどだった。短くても、テレビはラジオに比べて十数倍もの手間が掛かる。TVディレクターが一人で複数の番組にかかわっていた。私は超多忙なディレクターの助手として彼の構想を把握し、台本に纏めた。だから、それほど創造的な仕事ではない。だが大切なのは現場をよく観察し、教育目的に適したものを選ぶことだった。

最初の仕事は一九五八年四月二一日放送の社会科番組で、小石川植物園の紹介だった。児童に伝わるように文章を書くことを意識し、漢字の術語でなく、放送局でいう「和語」を使った。例えば同音異義語の多い「移植」ではなく「(どこそこ) からもってきて植える」と書く。

映像は植物園の林全体を写したロングショット(遠景)だけだと、児童はどこに注目して良いか判らない。そこで遠景の中の一本のイチョウの樹[9]をアップショットにする。さらに、それがどこにあった樹かはっきりさせるには、またロングに戻すので、それなりの秒数を要する。

テレビでは時間感覚が重要とわかった。

まだズームレンズは普及せず、四本のレンズを駆使して映像を

仔熊に舐められる私。多摩動物公園

(9) このイチョウが世界で最初に精子が見つかった標本木だった。

どう撮るかはカメラマンの仕事だった。続いて理科『動物の国』シリーズを委嘱された（**写真**）。自然放養の多摩動物公園などのロケは十六ミリ映画のカメラの出番で、園長はNHKから機材一式を預かっていた。ライターの私も動物園に泊まり、フィルム編集の助手をした。動物園の動物は、昼間寝ていても夜になると動き出すものもいる。園長はカメラと麻酔銃をもって仮眠する。夜中に聞く虎の咆哮はさすがに恐ろしい。そうして昼間、英語の授業を受けるのは、実につらかった。

さらに一九五九年一月に教育テレビが開局すると『日曜大学：地球物理』と『アジアの近代化』の二シリーズのライターを勤めた。結局、テレビ初期の番組とはいえ、三六本以上の番組の取材、ロケ、生放送の立会いを経験した。

ライターとしての思い出は一九五八年九月八日放送の「定点観測船」の船長の取材を担当したとき、私は「台風と戦う船長」を想像して面会に臨んだ。定点観測船というのは気象衛星がなかったころ、海上の一点（南方定点は北緯二九度、東経一三五度）の台風の通り道に漂泊して気象観測をするのだ。だが、船長に会うと「そりゃ台風は大変さ。だけど仕事がある。真夏のベタ凪の海の真ん中でじっと照り付けられ、脂汗流して鉄の船内の生活はもっとつらい。それを書いてよ」といわれた。私はなんでも先入観で物を書いてはいけないと知った。

6　ICU院生・一九五八年

国際キリスト教大学（ICU）は、東京都三鷹市にあり、雑木林や牧場、ワサビ田がキャンパスの中にあった。バス停を降りると六百メートルの直線道路の両脇に七百本の桜並木が続く。突き当りに礼拝堂があった。

視聴覚教育の主任教授は西本三十二（にしもと・みとじ）先生だった。西本先生は戦前、コロンビア大学でキルパトリック（プラグマティズムの教育哲学で知られるデューイの弟子）のもとで、プロジェクトメソッドを学ばれた。帰国後は奈良女子高等師範教授だったが一九三三年にNHKに乞われて転職、学校放送を産み育て、戦時中は理事も勤めた。戦後、ICUに就任された西本教授は、オハイオ州立大学のエドガー・デール教授を一九五六年に招いて視聴覚教育の研究会を開かれた（**写真**）。

西本（左）、デール（右）両教授

私は大学院受験に先立って、西本教授をICU構内の教員住宅に訪ねた。私は教育学専攻でないが視聴覚教育コースに入る資格があるのかと質問した。その時、学校放送での経験、立大での教育放送についての卒業研究や教会での視聴覚教育活動を便箋二枚に纏めて持参し、視聴覚教育を学びたいと説明した。先生は「とにかく受けてみなさい」と優しく私にいわれた。

一九五八年四月にICUの修士課程視聴覚教育コースに入った。そのコースは前年度に開設されたばかりだった。

立大で四年間の遠回りをしたが、ようやく希望のＩＣＵに入れた。ある日、本棚を整理していたら、片隅から変色した前述の小冊子『イエスの言葉』が出てきた。ふと裏返すと裏表紙に「キリスト教大学設立資金募集のため」とあった。

道は備わっていたのだった。

◆英語での授業

ＩＣＵでテーラー教授の「視聴覚教育」自体は、デールの著書に基づき、米国の初等・中等教員が習得すべき視聴覚教材制作の実技が中心で、手先が器用な日本人学生には楽だった。

ＩＣＵ生は学部一年次に、三〇単位もの英語教育を受けているから大学院での英語による講義もなんでもない。

だが私は立大で教養学部の英語と英語会のクラブ活動だけだから、英文を書くのが苦手だった。

加えて視聴覚教育コースは、教職課程未修の私に学部の教育原理や教育実習など教職科目十単位を併修することを条件にした。

自宅にはリーディング・アサインメント（授業前に指定図書を読んでおく宿題があり、授業自体は討論で進む）が溜まっている。そこで電車の中で英文速読術を身に着けた。長い単語のｔやｐなど出っ張ったところを見て、その語がなにか見当をつけるのだ。

私は英語教授法も選択した。これは後年、上越教育大学言語科コースの教員になる時に思いがけなく役に立った。

視聴覚教育コースではワース教授による「物理学」を習う。これは映写機やアンプの操作に電気の知識が必要だったためだ。すでに日本語で覚えた直流、交流の知識を英語で聞くのでよく分かる。むしろ英語でcondenser（蓄電器）とかresister（抵抗器）、capacity（容量）と聞くほうが漢字で見るよりもピンときた。

◆実験計画法

視聴覚教育の学習効果を見るために被験者を実験群と統制群の二群に分け、視聴覚教材を与える群とそうでない群を比較するBetween法と、単一群で教材を与える前と後の成績を比較するWithin法を習った。それで修士論文は、ある映像技法が児童にどう理解されるかを選んだ。

大学院での難関は修士論文である。

やりたいことは映画言語と決まっていた。しかし、視聴覚教育の助手たちは実験心理学を学んでいて「児童はマル、三角、四角と色のどちらを手掛かりに分類するか」というように「手掛かり」を局限した実験研究で学位を得ていた。

だから映画のように物語や演技、撮影技法と手掛かりが多い素材を使って、実験で何かを実証するのは難しいという。

西本先生はテレビ番組の細かい演出論には触れられない。授業では放送教育の有用性を軸に講義されていた。米国の教育哲学を祖述されることはまれだった。だが個人的に話し合うとコンコミタント・ラーニングなどの術語を使って、生涯教育に果たす放送教育の効用を説明してくださった。やはり米国で学んだことが、根底にあった。

西本先生はＩＣＵを会場に毎年夏、視聴覚教育や放送教育の研究会（のちに学会）を開いていた。そのため助手や院生たちは、マイクやアンプ、スピーカーやスライド映写機、スクリーンの設営で会期前から大学に泊まり込んで準備をする。まだ講堂や教室にそうした固定設備がなかった時代だ。

学会の会場準備と運営に従事していると、全国から同学の研究者が集まってくる。その中に映画に興味を持つ大内茂男先生（東京教育大）の若々しい姿があった。

◆映画理論の研究

大内茂男先生を池袋の自宅に訪ねた。大内先生は映像心理学に興味を持たれ、気さくな人柄で、映写機のレンズのホコリを吹き払うブロワーブラシをいつもポケットに持っていた。私には、エイゼンシュタイン、マルセル・マルタン、ベラ・ボラージュ、ルドルフ・アルンハイムの著作を読むようにいわれた。

これが大内先生との最初の出会いで、その後、先生が亡くなるまでお世話になった。

そして修士論文のテーマを「児童がある映像技法を理解できるのは何歳からか」とした。ある映像技法とは、テレビ業界でいう「オーバーラップ」にした。オーバーラップとは先行映像に後続の映像が重なることである。これが映画界でいう正しい定義だ。だが、テレビ界では映画界でいう「ラップ・ディゾルブ」（つまり先行と後続の映像が徐々に重なって交代する技法）でもオーバーラップと称していた。この技法は劇映画では回想や想像、夢、時間の経過などで使われる。

この技法がたとえば「夢のシーン」で使われた場合、小学校の何年生くらいから「夢」と理解するだろうか。当時はテレビのある家庭は少数で、映画館にゆく子供は月に一回が多い方だった。

私は実験用にNHK青少年部制作の子供向けドラマ『水の子』（水上生活者[10]の子供がグローブを欲しくて、それを嵌める空想をする物語）のキネコ録画[11]と東映教育映画部製作の『お迎え狸』（教師が山道で居眠りし狸に化かされる夢を見る物語）の二本を借りだした。

自宅の近所の小学校三校で二年生から六年生までの三六〇人に映像を見せ、直後テストで理解度と映画館にゆく頻度、テレビの有無、国語の成績を調べた。結果は学齢差による映像理解の差は現れず、ほぼ全員が空想や夢であると理解した。二年生には設問の意味自体も分かっていないようで、事後テストによる方法は失敗だった。

そもそも『水の子』も『お迎え狸』も製作した監督にいわせれば「児童に分かるように演出してある。たとえオーバーラップの瞬間は一時的に分からなくても、視聴後のテストなら『欲しがっていた』

(10) 水上生活者とは川や海に船を浮かべて家族で生活する人々。この映画は東京の町でハシケを家にして暮らす父と子供が主人公。水上生活者は一九八〇年ごろまであった。かつては水上生活の児童のための水上小学校や水上生活者の治安を守るため（その他、密出国や密輸など船舶関係者一般の犯罪を取り締まる）水上警察署もあった。

(11) 当時のテレビ録画法は放送局でもビデオ録画機が普及する前だったのでキネマスコープレコーディング＝略称キネレコまたはキネコ＝でテレビ画面を映画に撮影して記録していた。

『夢を見ていたんだ』と答えられるはずだ」という[12]。

西本先生は、細かな映像演出にはご興味が薄かった。

京都大学で実験心理学を納めた布留武郎先生は「被験者に個別に面接して確認しなさい」と指導された。布留先生はＮＨＫ放送文化研究所の主任研究員だった。

実験心理学で使うような統計処理法を大学院で初めて学んだ私は、結局、実験結果を論文に纏める力がなく中退し、ＮＨＫ職員になった。

(12) 私は実験にあたり「いまのは夢だったか」というような台辞は無音にして上映した。

第二章　放送局員

1　就職・一九五九年

一九五七年夏、立大四年生の時、友人に誘われてＮＨＫのアナウンサーを受験した。筆記から面接、実技、理事面接までいった。だが肺浸潤を秘していたのがレントゲン検査で露見して、最終段階で落とされた。

ＩＣＵ院生一年次の一九五九年一月に、ＮＨＫは教育テレビ・チャネルを取得した。さらに総合テレビを全国に広げるため職員を臨時に募集した。

一九五九年秋のテレビ要員募集は、私には良い機会に思えた。だが、また健康診断で落とされてはつまらない。そこで結核の時、服用した薬の種類、浸潤の翳が固まった断層写真を持参した。一次、二次の学科・面接を通過し、健康診断で出会った医師は二年前に「どうも肺に変な翳がある」といって私を落とした医師だった。先方も私を覚えている様子だった。そこで病歴を全部正直に打ち明け、院生の学業と並行してテレビ・ライターをしても健康は耐えたと話した。医師は「やはり既往症があったのか」と、自分の診断には間違いがなかったといった。ややあって採用通知が来た。

◆国際局報道部・一九五九年

一九五九年九月五日にもらった辞令は、編成局付き職員見習だった。最初の数日は大田区で受信料の集金担当者について歩いた。狭い家の一室に大勢の女性が集まり、輸出用のクリスマスの豆電球をコードに半田付けしていた。ラジオ受信機でさえありませんという家も何軒かあった。かつて人形劇で慰問にいった母子寮などを思い出した。

三学期制ＩＣＵの第二学期の学費はすでに払こんであり、学籍はあったが授業にでる暇はなかった。まもなく私の初任地は新橋駅に近い、放送会館の国際局報道部と決まった。当時の国際局は短波ラジオで、海外に日本の声を放送する「ラジオ日本」の専門局である。翌一九六〇年一月一日付で職員（放送現業職＝取材）になった。

報道部の壁にはリオ、ワシントンなどの現地時刻を二四時間目盛で示す時計が並んでいた（**写真**）。「ラジオ日本」は欧州、アフリカ、アジア、南北アメリカの全世界二〇数言語で放送していた。例えばインド、パキスタン向けにはヒンズー語とウルドゥ語、中国向けには北京官話、広東語、福建語である。

世界各地の時刻を示す時計群

私が配置された報道部英語班は、その基本になる英文を書いて各言語班に配布していた。だから苦手な英作文とタイプ打ちが仕事になる。対象地域との時差の関係で週二回の徹夜勤務があり、深夜から中東向け、欧州向けのニュースや番組をナマ放送する。

「ダッカでは何時から何時まで何メガヘルツ、カイロでは」とニュースの前後にアナウンサーが地名と時刻、使用周波数を順々に読み上げる。私が眠気をこらえつつ聞いていると脳裏に地球がゆっくり回転し、それぞれの地域に朝日が昇るイメージが浮かんだ。その世界が現実に存在し、それらを見ないで死にたくないと思った。

「ラジオ日本」のニュース班は、通信社やNHK国内報道局から回ってくる原稿の海外向けリライトと英訳が主な仕事である。デスクは英語が出来たが、報道現場の経験は少ない。私は元新聞記者で嘱託の川合さんについて報道のイロハを学んだ。

まもなく上司は若手記者の訓練のため、羽田空港に入国する著名人の第一声を録音取材させるようになった。交響楽団指揮者シャルル・ミンシュ、文学者でフランス文化相アンドレ・マルローなど「貴方の声を故国に送るのです」とマイクを突き出せば向こうが喋ってくれる。

◆原子爆弾の発明者を取材

一九六〇年九月五日、原子爆弾の開発者オッペンハイマー博士(13)の取材では、川合さんに相談し

(13) オッペンハイマー博士はマッカーシズム（＝左翼主義者の追放）で知られるマッカーシー上院議員に目をつけられていた。ちなみに二〇二四年春に米国映画「オッペンハイマー」はアカデミー賞を七部門で獲得した。

オッペンハイマー博士に聞く私、羽田空港

て第一問を「原爆で大勢の死者が出たのをどう思うか」にした。肘にパッチを当てたツイードの上着の博士は、日本で見る普通の外国人教授とあまり変わらない。博士は静かに「爆弾が実際に使われてしまったのは残念だ」という意味の言葉を並べた。

写真はＮＨＫが二〇二四年二月十九日に放送した『映像の二〇世紀：マンハッタン計画　オッペンハイマーの栄光と罪』からで、私が肩掛け式録音機「デンスケ」を脇にぶらさがり取材をしている。

この映像はＮＨＫ国内の報道局がアイモ（十六ミリ映画カメラ）で撮影した。これはサイレントなので音声はない。私自身はデンスケのゼンマイ巻きを操作しつつ、マイクを博士の口元に向けるのに夢中で、撮影されているという意識はなかった。

◆その他の取材経験

私は勉強として現場に出されただけだったが、単独取材で観察力が養われた。記憶に残るニュースは一九六〇年一月の学生による岸首相の訪米阻止羽田事件（日米安全保障条約反対運動）のガラスが散乱する羽田空港ロビーの現場、二月の皇太孫浩宮徳仁殿下（現・天皇）ご誕生で宮内庁病院に十六時間も詰めたこと、五月の「三陸地方を襲ったチリ沖地震津波」、六月の安保関連ハガティ事件(14)で上司から「ハガティは安全に大使館に到着」と書けと命じられたこと、一九六一年春には「ソ連が人間搭乗衛星を打ち上げた」という未確認情報が入り、泊り番だった私は苦心して原稿を書いたことなどである。

そのほかアジア大会（プレオリンピックで国際班として運動部に派出されたこと）や、北朝鮮帰還船や李承晩ラインでの日本漁船拿捕、日ソ漁業交渉などがある。

それぞれ当時は大きなニュースだった。

2　米国留学生・一九六一年

一九六一年八月から六二年七月まで、私は無給休職して米国に留学した。NHKにはまだ留学生制度がなく、しかも国際局には留学したそうな人は多数いたから自分で機会を見つけるより方法がない。入局後にフルブライト全額支給留学生試験を受けた。一次、二次をパスし、面接試験にこぎつけた。志望先はニューヨーク大（NYU）や視聴覚教育のデール先生(15)がいるオハイオ州立大、映画学の南カリホルニア大にした。面接試験で志望大学の理由について問われたので「ICU大学院では教育

(14) ハガティ事件は米大統領広報官ハガティが羽田から都心を目指す途中で迎えの車を安保反対派に包囲され、米海兵隊のヘリコプターで米大使館に入った事件。ハガティに怪我はなかった。「安全に」という指示は上層部からだった事だろう。「ラジオ日本」には国費も使われていた。

(15) デール教授については第一章参照。

映画が研究目的を満たせず失敗した。NYUには映画コースがあり、意図する映画を作りたい。自分は教育テレビを目指していてシープマンBBC教育部長の著作(16)を読んだ。だから直接学びたい。シープマンは現NYU教授だからNYUが第一志望」と答えた。私は色々な試験で落ちた経験もある。だが、この時は手応えを感じた。

◆ハワイ大学のオリエンテーション

一九六一年八月五日夜に羽田発。三時五〇分にウエーキ島着、四時三〇分同島発、五日十四時(ハワイ時間)ホノルル着。六日は日曜日で教会へ。七日ソ連宇宙飛行成功。八月六日(授業は九日水曜日から)から九月四日までハワイ大で登録など大学生活の仕組を教わる授業を受けた。それはICUで慣れていて違和感がなかった。十七日から二〇日までマウイ島で、日系と中国系夫妻の家でホームステイをした。先祖の移民生活を聞いた。

◆NYUに登録

九月四日サンフランシスコ経由でNY着。五日NYUに登録。八日ボイス・オブ・アメリカ(米国の国際放送、以下、VOA)でジャック・ゲインズ氏に面会。十四日国連見学。

NYUには学群「コミュニケーション・アーツ・グループ」があり、TMR(テレビ・映画・ラジオ)と新聞、スピーチ、演劇、教育コースを統合していた。私はTMRを主に選んだ。

(16) C. Siepmann『テレビと教育』真木、曾田共訳、法政大学出版局、一九五四年。

そのころの米テレビ界では飛行機から放映するインデアナ州のエアボーンTVや教育用有線TV（へーゲストタウン）の情報が流れていた。

さらに、ニュージャージ州用に割り当てられたチャネルをNY市がその教育TV用に取得した問題などが主な話題だった。NYタイムズは「教育テレビは必要だ。だが他州の権利を奪うのは、感心しない」と渋く論評した。

連邦通信委員会のミノー委員長が「米国のTV界は一望の荒野だ」と批評したのもこの頃である。だが、各局の報道番組を視聴すると掘り下げの鋭さ、切れのいいアナウンス、映像技術的には写真の扱いのうまさ（オーバーラップ）に感心した。

大学周囲のグリニッチヴィレッジには、古い無声映画を十六ミリ映画で映写する喫茶店があってビートニック風の青年らが、もうもうとふかす紫煙の雲を映写機からの光束が探照灯のように貫いていた。ハリウッドと違って東部の映画作家たちは「バワリー二五時」(17)のような貧民街の記録映画的な作品に注目していた。

◆映画製作法を受講

私は通年の「映画製作法」を選択した。授業では仲間の未編集フィルムや文献でしか知らない古典映画が上映され、映画理論や技法について学んだ。このコースは受講生が数人ずつ小班に分かれて企

(17) On the Bowery" 一九五六年、Lionel Rogosinが監督、飲酒常習者やかっぱらいの生活を描く。

画を立て、カメラとフィルムを大学から預かって撮影する。私は九月二七日の授業で「貧しい水上生活者の少年がグローブを欲しがる物語」を企画会議で提案した。

英国人ジョン・クラドックがその映画の監督を引き受けた。「水上生活者の少年」をアフリカン（黒人）の少女ペギーがスケートを欲しがる話に変えて撮影に入った。公民権運動(18)のフリーダム・ライドのころで英国人ジョンだからこそ実現した企画だった。ジョンは私と気が合い、彼は私のオーバーラップ問題をよく理解し、この映画の中でもオーバーラップを採用した。

クルーはアフリカ系のロッキー（**写真**）、同じくサンディ、そしてドイツ系のビルの計五人で、クルーの士気は高く、ロケ現場で切羽詰まって話す私の英語も皆が真剣に対応してくれた。

この映画『ペギーとピエール』は米国では珍しいアフリカン児童向け映画である。同映画はその年の学生映画で最高の「キングスレイ賞」を受賞した。NYタイムズはNYUが学生制作映画を一般公開するとスタッフ全員の名前入りで報道した。

ロッキーはその後、彼自身が演出する学生映画に私をクルーとして招いてくれた。

ロッキー君と私、大学の前

(18) 公民権運動やフリーダム・ライドは黒人に選挙権を与え、バスでの差別撤廃を訴えた運動。

◆モンタージュ理論への疑問

ある日、少女ペギーが犬とくるくる回って踊る場面がロングショットしか撮れなかったので、別の日にペギーの頭部のクローズアップを繋いでOKにした。しかし、二つの映像は踊る速度の違いや光線の具合の差で完全につながったとは言い切れなかった。

以上とは別件だが、このころ私はエイゼンシュタインのモンタージュ理論は理論であって、実際には連続する2種の映像が常にうまく一つの意味をもたらすとは言い切れないと悟った。

◆文献収集

「映画製作法」で「リポート」を書くとき、初めは「監督は上手」「主演女優はキレイ」としか書けず自己嫌悪に陥った。NYタイムズの映画評を読んで語彙を増やした。教授は「これは評論家Aの真似だね。あの学生の映画にこの誉め言葉は過大だ」と笑ってマルをくれた。

ニューヨークには映画の専門書店があり、そこでロシア映画論の英訳本や、テレビの専門書を買った。現金を使いすぎて昼食は中華料理店で白飯を注文し、塩をかけて食べ始めた。するとアジア系の給仕が無言でカレーをさっと掛けて足早に立ち去った。

◆教育テレビ実習

私が選んだ「教育テレビ実習」は夜間開講で九月二一日から始まった。NYUにはテレビスタジオがあり、講師陣は放送現場から二人のディレクター（以下、ＰＤ）とカメラマンが来た。一〇数人の受講生は順番でＰＤ、テクニカルディレクター、カメラマン、音声、タレントなどの役割を与えられた。タレントは企画者自身で、学期中に自分のやりたい番組を二本以上制作した。受講生には記者、教員、タレント志望、空軍予備士官、助任司祭などがいた。番組完成後の合評会では、記者が教師の社会問題に対する認識不足を指摘、教員はタレントの話し方が教育的でないと評した。私は『日米安全保障問題（安保）』と、ちょうど訪米された西本先生の『十の教師像』の二本を制作した。安保に限らず政治問題は全員が論ずるのを避ける傾向があった。赤狩りのマッカーシズムの影響だ。

冬休みに講師の車に便乗してピッツバーグまでいった。到着前に同市を見おろす山の上で休憩すると、おりしもクリスマスで市内の家々の軒は色とりどりの豆電球で飾られていた。星空のような見事な眺めだ。あれは受信料を集めに行った長屋の小母さんたちの内職の豆電球だ。この景色を小母さんたちに見せてあげたいなと思ったら涙が出た。足元の教会から救い主の誕生を祝う鐘の音が響いてきた。

実習番組は決められた時間内に完成という圧力がある。素人の受講生がカメラやマイクを操るためにミスが発生し、互いに非難しあって大声で叫ぶ。私はスタジオ経験があったので、落ち着いて他人のピンチを救った。だが私が英語で音域の狭い通話装置を通してとっさに指示を出すのは大変であった。カメラ担当から問い返されたこともあった。幸いチームとしてのまとまりが生まれ、授業の後も夜遅くまで議論が続いた。私は英語で批評するための適切な表現を覚え、後年、東南アジアからのテレビ研修生を私が指導する時、大変役に立った。

十一月十七日に受講生の一人・リアが教員をしている公立小学校で授業をみた。一斉授業中でも一人の児童が教室の後方のイーゼルで絵を描いている。リアに聞くと、クラスに一台イーゼルが配備されたので毎時、輪番で一人の児童が通常授業を外れて絵を描くのだそうだ。柔軟な教室運営が印象に残った。

◆言語化の重要性

シープマン教授の授業は、地方の放送局で教育番組を経営する時の問題など、米国の小さな教育局が抱える問題解決などが講義の中心で、ＮＨＫのような大組織から来た私には興味が持てなかった。そして、ゼミ形式でもあったのか、院生は自分の考えや経験を延々と話し、ほかの院生が聞いている。私がシープマン教授のＢＢＣ学校放送での経験など聞いても、すぐに割り込んで、関係のない質問や意見が飛び出す。彼らは英国よりも現代の米国の教育テレビに関心が深いから無理はない。

初め私は黙って教授の講義を聞くのが授業だと思っていたので失望した。しかし、講義は聞く一方でなく、それを確認したり、自分の考えと照らし合わせたりして、意見にして発表して、初めてその院生は「講義を理解した」ことになるのだと気づいた。

このことは、第二部終章「レッセージ」で、再度触れる。

◆NBCのスタジオで

一九六一年九月二四日日曜日にNBC放送局内でゲインズ（VOA職員）の日本向けテレビ番組を手伝った。ロックフェラーセンター内のNBC局舎に入ると、日本でも有名なミチー・ミラーがあの大合唱団を指揮し終えて当たり前に歩いている。「うん。ここは本場だ」と思った。

スタジオでの私の仕事は、日本語版録画の助手だった。ダグ・ハマーショルド国連事務総長（**写真**）の追悼番組(19)である。

英語の台本をNHKの平光淳之介アナウンサー（VOAに出向していた）が日本語で読む。それをテレビカメラが撮るという番組だ。

読みにつれて国連ビルや故人や関係者の顔写真が入る。私は日本語音声を聞きながら、ゲインズに合図する役目だった。だが平光さんが「ハマーショルドは」と言ってから合図し、ゲインズが「カメラ二番は写真！」と指示し、技師がカメラを切り替えるのでは遅くなる。私は国際局で日・英のアナウンサーの読む速度(20)は見当がついたから、少し早めに合図してアナウンスと写真をピッタリ一致させた。

だが驚くほど不器用だったのがVOAの音声技師で、終わりのテーマ音楽を早く出しすぎたり、平光さんがアナウンスしているのに音量を絞ってし

ハマーショルド国連事務総長

(19) ダグ・ハマーショルド国連事務総長は一九六一年九月十八日にアフリカ出張中、飛行機事故で殉職。
(20) 英語アナウンスは一分間に一二〇語、日本語で三〇〇字。

まって「口をパクパク」にしたりで、何回も撮り直した。流石に温厚な平光さんも機嫌を損ね「今日の予定がめちゃめちゃだ」と大声を出す。待合室には奥様やお子さんがいて、ニューヨーク観光を楽しみにしていたらしい。ゲインズさんは「ヒラミツにオーバータイムペイを払うといったのにひどく怒っていた。なぜだ」と私に聞く。「それはお金の問題ではないのです」と答えた。

◆南部への旅

一九六二年五月二八日、私はカンサス市で開かれた米視聴覚教育学会＝ＤＡＶＩに参加した。ここで西本三十二先生にルディ・ブレッツ氏を紹介してもらった。ブレッツ氏は米国テレビ番組制作者として戦前から活動し(21)、名著『テレビ番組制作法』はテレビ演出者のバイブルといわれていた。一九七〇年に私はブレッツ氏と万国博で再会し、彼の著書を訳出することになる。

ＤＡＶＩでは軽量のオーバーヘッドプロジェクターが普及し始めたころで、その発表を準備している会場に入った。私は身長一八〇センチあったので投影の邪魔になるかと「Over my head?」と聞いたら担当者はニコニコした。発表が始まるとその担当者は発表の前置きに私の質問を引用し、会場は大爆笑、その時私は「米国では冒頭にジョークを言う習慣があるが、こうまでそれを笑うとは」といささかうんざりした。のちにover my headには「わからない」という意味があると知り、大笑いの理由がわかった。ＤＡＶＩの後、カンサスからダラス、ニューオーリンズ、アトランタを巡った。テキサスでは右翼系「ジョン・バーチ・ソサエティ」のエドゥイン・ウオーカー退役少将の「真の愛国

(21) ブレッツ氏は草創期のテレビで日本海軍の真珠湾攻撃をハワイの立体地理模型を使って速報したという。

者は我々だ」という意味の大きな看板をハイウェイ沿いに見た。少将は公民権活動を敵視し、翌年のケネディ大統領暗殺事件でも名前が浮かび出る(22)。

ダラスの街では拳銃が果物屋のミカンのように山積みで売られていた。「州権を重んずる」南部諸州の保守層は、ケネディを連邦中心主義とみて支持していないようだった。

一九六二年六月二〇日にジョンに見送られて私はニューヨーク空港を飛び立ち、英国、デンマーク、ドイツ、フランス、スイス、イタリア、ギリシア、エジプト、香港を経由して七月二六日に帰国した。各地のテレビ局や「ラジオ日本」の聴取者をその自宅に訪問し、充実した旅だった。

3　復職・一九六二年

国際局報道部に戻ると私は日本語班に配置換えになった。これは英語班内で摩擦が起こるのを避けた上司の配慮らしい。そこで日々の日本語ニュース出稿以外に、南米などの日系人向けに『郷土便り』を担当した。材料は地方新聞で、外地の日系人が喜びそうな話題を見つけ、各県の支局から録音を送ってもらって「録音構成」にした。下関の「ふぐの歯ぎしり」や島根の「子供石見神楽」などである。南米のことを知ろうとポルトガル語講習会に通った。そこで冊子『かさと丸』を入手し、第三章に紹介するノンフィクションを書くことになった。この時期には六二年一〇月の核戦争寸前のキューバ危機や、六三年十一月のリレー衛星による初のテレビ宇宙中継がケネディ大統領暗殺で始まったこと、六四年六月、私が前線デスクをした新潟大地震などが起きた。

(22) 少将は「ケネディ暗殺事件」発生前にダラスの自宅でオズワルドに狙撃されている。

◆家庭生活

一九六三年三月三日に、私は大森めぐみ教会で長谷川静江さん（ICU四期生）と結婚した。静江さんは一九六三年には加納履正講道館館長の秘書をしていた。東京五輪競技種目に柔道が加わったころである。彼女は田園調布教会で中学生の時に受洗し、結婚式には教会学校の教師や同級生が参列、そのクラス会は今も続いている。

静江さんは気の合う伴侶で娘二人に恵まれ、平和な家庭生活を送った。

当時はホテルやコンビニがないころで出張帰りの独身の同僚たちが拙宅に泊まり、食事をしてゆく。NHKを退職したとき「宇佐美さんよりも奥さんにお世話になりました」と惜しむ人が何人もいた。二〇二四年に六一回目の結婚記念日を迎えた。

結婚したら気管支喘息は治ってしまった。一九六六年六月一日（写真の日）に長女祐子が生まれた。予定日は時の記念日だったため、数人の同僚が壁時計を贈ってくれた。三年後、次女郁子が与えられた。子供の成長過程ではコトバの獲得ぶりが興味深かった。

◆大内先生と「映像教育」

一九六三年に大内茂男先生は、私がNYUで製作した『ペギーとピエール』を東京教育大学で上映し、そのカリキュラムについて説明せよといわれた。大内先生は欧米の「スクリーンエドケーション」の訳語として「映像教育」を当て、それを『視聴覚教育研究集録一〇号』に発表された。それは映画やテレビを、小学校などの教科として教えようという新しい主張だった。だからNYUのカリキュラムにご興味がおありだったのだ。当時、私のNYU体験に興味を持ってくれた人は大内先生だけだった。「映像教育」は一九八〇年代になると「メディア教育」として発展する。

4　教育局に異動・一九六四年

◆語学講座班に転勤

復職後二年目の一九六四年に教育局通信教育部の語学講座班[23]に転勤した。東京五輪大会で、語学講座班員が外国人用のプレスセンターに何人も出向していたためだ。その年四月に東京で第二回世界学校放送会議があり、私はその事務局に短期間出向した。そこでライターの時に顔見知りの学校放送の幹部に会い、教育局への異動を希望すると話した。

私の語学講座班での初仕事はラジオの『続基礎英語』の企画開発だった。それまで英国英語で中学一年生向け[24]の『基礎英語』と米国英語の『ラジオ英語会話』があったが、その中間を埋める番組がなく、それを企画せよというのである。研究社の『英語年鑑』から一〇〇〇人近い英語教員をノートに書き出し、電話取材で大勢の候補者のラジオによる英語教育への考え方を尋ねた。戦前は東京高等師範（一九六四年当時は東京教育大）の岡倉由三郎の「基礎英語」やパーマーのオーラルメソッド

(23) 通信教育部は学校教育部から分離しNHK通信高校向けに高校のほぼ全教科用番組を制作していた。語学講座班はテレビ教育部にあったが一般向けにテキストを発行しているので通信教育部に合流した。したがって番組の構成、演出は通信高校講座とはかなり違っていた。

(24)『基礎英語』は一年の終わりには当時の中学二年向けの文法教材を扱っていた。

が英語教育界の話題だった。その流れを汲む芹沢榮先生の『基礎英語』は英国英語であり、中学生や初心者向けの番組が人気だった。一方、「カムカムエブリボディ」で戦後一世を風靡した平川唯一を継承する松本亨先生がいた。松本先生の『英語会話』は米国英語で先生は「後について発音しなさい」が教授法で、長い放送講師歴があった。私はこの間をつなぐ中学二・三年生向け番組はなんだろうと考えた。

すでに当時の世界は航空業界でも実業界でも米国英語が主流になっていた。私が米国で見た語学ラボラトリー（ＬＬ）教室はミシガン大のミシガンメソッドだった。ＩＣＵのＬＬもその教授法を使っていた。もし「米国英語の英語会話」を目標にするなら『基礎英語』から『続基礎英語』もミシガンメソッドに切り替えるのが一案だ。だが東京教育大との長い歴史を打ち切っていいか。

部長が拙案を認可したので、ミシガン大で英語教授法を学んだ中学校教員の経験者を探した。最後はオーディションで数人の候補者の模擬番組を録音した。外国人を含む審査員で声の質、日・英の話し方、親しみやすさを審議し『基礎英語』には三井平六先生、『続基礎英語』には安田一郎先生と決めた。私は『続基礎英語』のＰＤとなり、週六本のラジオ番組を担当、その他に『テレビ英語会話（中級）』（以下「中級」）や『教育時報：海外子女教育の問題点』なども企画制作した。ミシガンメソッドの転換練習(25)を多用する新番組『続基礎英語』は、従来の「講座（おはなし）」番組と一線を画した。私の後で担当した歴代のディレクターも、収録と録音編集中に英文を何回も聞き、ポーズの時間を整えるために自分でも発音するので英語に親しみ、その後、何人も海外で国際協力に活躍した。

(25) 転換練習は平叙文を疑問文、能動態を受動態、否定文などに転換させる練習。後つけや入れ替え練習よりも会話力がつく。

私は『続基礎英語』の担当を外れた後も安田先生から英語教授法について学んだ。さらに英語教育史を読んで各種の教授法を「中級」で試し、理論付けした。

「中級」は聴く力の養成が目的なので英語で寸劇、歌番組、クイズ、ドキュメンタリ、座談会、現地ロケなどの技法を用いて視聴者反応を探り(26)、私自身の演出力を磨いた。番組収録はＶＴＲになりつつあったが、ビデオテープは高価で失敗しても、編集は簡単に許されず、毎回ナマ放送のように緊張した。講座番組は予算も機材の数もドラマ班に比べて貧弱だったが、単座戦闘機のパイロットのように、単独で自由に仕事ができた。

初級と中級のＰＤ仲間で話し合って予算を年度末用に残し、共同で英語の三回連続ドラマを制作した。例えば、一九六五年三月のTHE LOST BAGや一九六七年三月のBETWEEN TWO MONDAYSなどである。

テレビスタジオの二階の一角にガラス張りの調整室がある。ＰＤはそこでテクニカルディレクターと呼吸を合わせてスタジオ内の三台のカメラから映像を選んで切り替える。映画でいえば撮影と編集を同時にやるのだ。当時はナマ放送に準じる厳しさだった。開始テーマ音楽から終了のエンドマーク迄、緊張がつづく。収録当日は体内にアドレナリンが溢れた。

教育番組ＰＤの中に那須塩原の和泉屋旅館という文学者たちの定宿の娘さん＝山路家子さん＝がいた。和泉屋は一五三六年創業だから、鉄砲伝来の数年前だ。山路ＰＤの出演者のもてなしぶり、セットの中の椅子や机の清潔さは母親の女将（おかみ）のしつけの厳しさを思わせた。

(26) 視聴者の反応は毎年いずれかのテキストに調査票つきハガキを同封し、回答を集計した。

その一方でカメラマンなどの技術者の中には映画会社から転職した人もいた。それらの人は劇映画つくりの気風があって、私たちPDよりも年齢が高く、気分を損ねると番組が進行しない。一方、多国籍の出演者は一〇代の少年少女から高齢の英文学者までいた。彼らとも衝突すると放送に穴が開く。PDの中には出演者対応で心を傷つけ、局舎に入れないというので私は玄関外まで迎えにいったこともあった。

語学講座班のPDはテレビ拡張期で採用された同世代が多く、気質があい、なかでも土屋一彦さんは『英語会話（初級）』のPDで親しくなった。「初級」は「空港入国管理にて」「税関にて」「ホテルにて」「レストランにて」という場面別教案（シラバス）を使っていた。日本人の米国旅行を想定し、出会いそうな場面を時系列に並べた。実際にはいろいろな状況が発生するから、英語表現も変わる。毎年、違う教案の番組を放送していた。「初級」の狙いは「発表する力の養成」だった。土屋さんは場面別でなく、人々が会話する「発想」をいくつか定め、それに最適な表現を一つ提示すれば最小限の教材で効果が上がると考えた。

一方、私が担当した「中級」は「聴解力の養成」を目指した。聞く力の養成は、学習者が寸劇の英日対訳テキストを持ち、反復して聞くのが一案だ。学習者は「この英語表現は日本語だとこういう意味で、英語はこう聞こえる」というように学ぶのである。

◆発想別分類表を作る

土屋さんは『英語会話（初級）』のテキストを発話集積体（コーパス）とし、一発話ごとにＩＢＭカードに書き写した。土屋さんと私はそれを似た発想を集めて小項目を作った。

その小項目をＡ〜Ｄに纏めて大項目（**表1**）を作った。「Ａ・主観」と「Ｃ・客観」に分けたのは『スタジオ一〇二』の初代ＰＤだった神山順一先輩が「ドキュメンタリ番組のコメントには、意見を述べるものと、客観的に描写するものと二種類ある、この二種類は区別すべきだ」と説いたからだ。さらに「Ｅ・決まりきった表現」と「Ｆ・簡単な表現」を加えて**表2**の小項目表を作った。Ａの小項目の「文頭表現」の例は**次頁表3**のようである（Ｂ以下の文頭表現は省略する）。この文頭表現を覚えれば、学習者はまず自分の気持ちに応じて話しやすいはずだ。

表1　大項目表

	述べる	たずねる
主観的	A 自分の意向などをいう	B 相手の意向などをたずねる
客観的	C 情報・事態などをつたえる	D 情報・事態などをたずねる

表2　小項目表

大項目	小項目	大項目	小項目
A 自分の意向などをいう	1　知覚・感覚 2　判断 3　欲求・希望 4　計画・意志 5　発議 6　依頼 7　助言	B 相手の意向などをたずねる	1　判断 2　許可 3　意向
C 情報（事態）などをつたえる	1　一般的情報 2　目前の事態 3　伝聞・引用 4　自分（達），話し相手，第三者のこと	D 情報（事態）などをたずねる	1　一般的情報 2　目前の事態 3　伝聞・引用 4　自分（達），話し相手，第三者のこと
E きまったいいかた	1　感謝 2　わび 3　呼びかけ 4　あいさつ 5　紹介 6　その他	F 簡単な応答	1　相づち 2　確認 3　質問 4　その他

表3　小項目Aの文頭表現例

小項目 記号	名称	文頭表現の例
A-1	感覚・知覚	I feel…
A-2	判断	I think…
A-3	欲求・希望	I want to…/I wish…
A-4	計画	I hope...
A-5	発議	Let’ s
A-6	依頼	Will you…
A-7	助言	I advice you…

苦心したのは小項目の数を学習者の記憶負担を考えて、七つに絞ったことだ。「この発話はどの小項目にする」という時に、かなり強引に理由をつけた。

私はこれらの小項目がバラバラに存在するのではなく、話者の気持ちの成熟度、話し相手の気持ちの重軽などから三次元に分布すると考え、飛行機モデルを作った（**写真**）。

「感覚」から「発議」に至る気持ちの成熟度で機首から尾翼までのX軸。「欲求」と「希望」は自分本位から愛他的なものに至る左右の主翼のY軸。「計画」から「依頼」は相手に掛かる圧力の差のZ軸である。

ちなみに「感覚」というのは、その値を取る表現の集合体の表札である。土屋さんと私は分類作業で「暑いネ」という表現は「知覚・感覚」で、婉曲に「窓を開けてください」という意味で使われていても「依頼」ではないとした。逆に表札（例えば「依頼」）に囚われて「欲求」に入るべき表現［I want…］

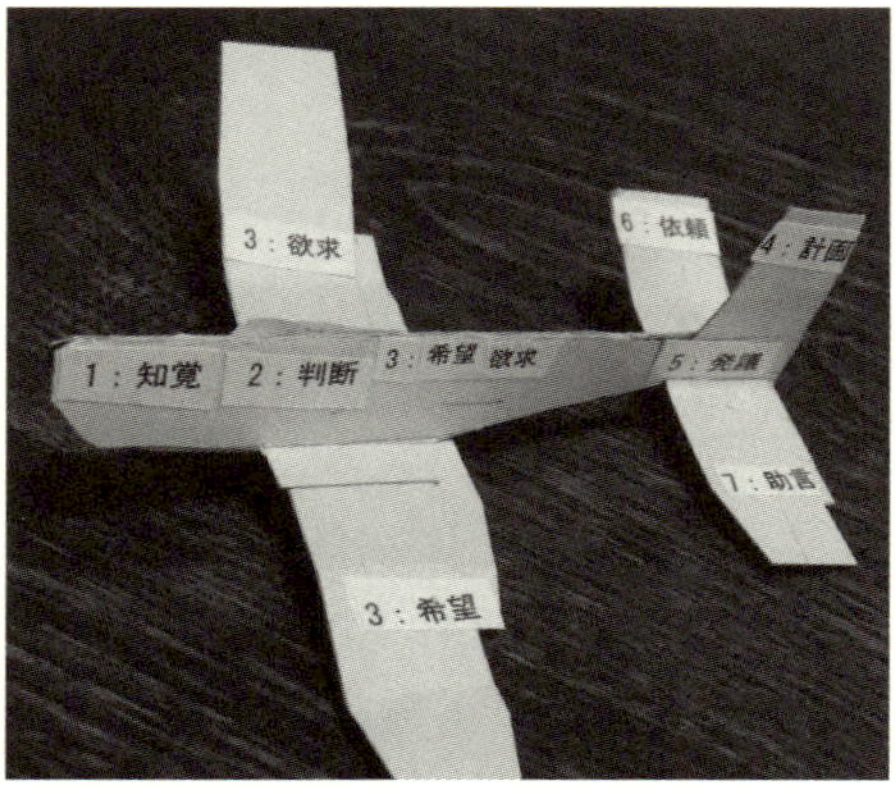

3次元飛行機モデル

を「依頼」に分類しないとした。

◆英語発話者の考え方

私自身は高校時代、映画館で英米の劇映画を、なるべく字幕を見ずに聞き取るようにしていた。それには市販の映画対訳シナリオ、たとえば『風と共に去りぬ』などで予習、復習して再度、同じ映画を見るのである。その対訳シナリオ末尾には東京学芸大学の宮内秀雄先生が執筆する英語台詞の解説があり、それを単行本にした『よく分かる英語の考え方と話し方』もあった。

米国人の「考え方（発想）」を知れば英語表現の意味を理解しやすいだろう。また意思の疎通もうまくゆくはずだ。

◆学会活動

土屋さんと私は、一九六九年に大修館書店の月刊誌『英語教育』に発想別英語会話を発表した(27)。それが語学ラボラトリー学会（LLA）の天野一夫会長に注目され、一九七一年夏、愛知県立大で開かれた全国大会で発表した。

ちなみに発想別に似たNotional Functional Syllabusを英国のD・A・ウイルキンスが欧州評議会で発表するのは一九七六年だ。

(27) 土屋、宇佐美「英会話における発想別の表現分類：テレビ英語会話初級から」『英語教育』一九六九年八月号。

◆通常番組以外

番組制作以外に例年夏期にアジア、中南米、アフリカから派遣されたPDのテレビ番組制作研修の講師をした。また秋には日本賞教育番組コンクールがあり、世界中から寄せられたテレビ番組を審査会場で上映する仕事をした。

教育局には提案制度があり、一九六九年一月一〇日に私は『教養特集：教育テレビ一〇年の歩み』を提案して採択され、放送した。今でいえば「ETV特集」に相当する番組である。出演者には西本三十二先生、『コンピュータ社会と教育』の著者増田米二先生ら四人、序説と司会を教育工学の東　洋（あずま・ひろし）東大教授にお願いした。

一九六九年当時としては先進的な人選だった。

おりから大学紛争の最中で、学生運動はヘルメット、ゲバ棒から鉄パイプになっていた。番組の打ち合わせで東先生に会うこと自体が大変だった。その一週間後に東大安田講堂占拠事件が発生、七千人の機動隊員と学生が火炎瓶や催涙弾で応酬するいわゆる「安田城攻防戦」が起きた。

この年一九六九年七月には、アポロ十一号宇宙船を使った人類初の月面着陸があった。

一九七〇年大阪万国博では、お祭り広場の屋根に特設された展示場のアイデア委員会に通信教育部から私が派遣された。私の案は親孝行という抽象概念が映像化できず落選、学校放送部の高島秀之PDの「ファミリー・オブ・ザ・マン」に似た提案が採用になった。一九七〇年大阪万国博ではマルチスクリーンが流行った。その実態調査に来日したルディ・ブレッツ氏(28)を万国博会場や東京のNH

(28) ブレッツ氏は一九七〇年にはランド・コーポレーション主任研究員。四八頁に既出。

K放送センターへ案内した。

一九七〇年ごろは安保闘争や、ベトナム戦争反対、学生からの大学当局や理事会への要求が重なり、武器として火炎瓶やライフル銃まで加わる例がでて激しさを加えた。これに対して、警備当局も装甲板や放水銃を備えた特型警備車を新造して対抗した。これが権力というもので、次々に強化されてゆく。

5　ICUに復学・一九七〇年

立教大学の恩師は平井隆太郎先生だった。

平井先生は昔の新聞「瓦版」（かわらばん）の収集家で、そのご尊父は探偵小説家の江戸川乱歩だ。立大の傍に住み、土蔵を書斎にして膨大な資料を集めておられた。私は就職してからも平井先生をお訪ねして、江戸文化などを教わった。ある日、先生がNHKにいらして立大に放送学講座を作るので、その担当教員に転職してはと勧められた。だがテレビPDになって番組制作が面白かった時期だったのでお断りした。いずれ大学に転身するのには修士課程中退では弱いと考えた。一九七〇年ごろはフランスのラングランの『生涯教育』が脚光を浴び始め、NHKも『大学講座』を放送し、上司も関心を高めていた。

そこでICUを調べると私は二年間六学期制の五学期分の必修単位は履修済みと判明した(29)。上司は一九七〇年に在職のまま就学を認めたのでICUに復学した。

(29) 単位制度が変わって教育哲学や実験計画法などが必修単位に増えていた。

前述の学生運動が激化していた。そのため学期短縮で集中講義や教授宅の個人授業が開かれていた。それまでの様々な研究をもとに英語教育の分野で修士論文を完成、口頭試問を経て七月に教育学修士になった。中野照海先生には「リトロアクティブ」など研究の纏め方、布留武郎先生にはバーローのコミュニケーション理論、小島先生にはデューイの教育哲学を学んだ。

◆『教育工学序説』訳出

万国博で案内したルディ・ブレッツ氏は、その後、著作物を私に何点か送ってきた。その一冊『コミュニケーションメディアの分類学』を私は翻訳した。音付きスライド、ビデオカードやディスクやワンボード電算機、静止画放送などニューメディア（**写真**）が次々に出現した時期で、ブレッツ氏の了解を得て日本のニューメディアの情報を加え『教育工学序説』と題して出版した(30)。訳文は直訳を避け、複文は単文二本に分割、上位概念の名詞はより具体的なものに置き換え、ほぼ書き下ろしに近いような文体にした。深夜帰宅後に六頁ずつ翻訳し、ひと月掛かった。監訳者の西本先生は「一晩で六頁の翻訳は大変だ」といたわってく

(30) 拙訳『教育工学序説』（西本三十二監訳）教育調査研究所、一九七二年。

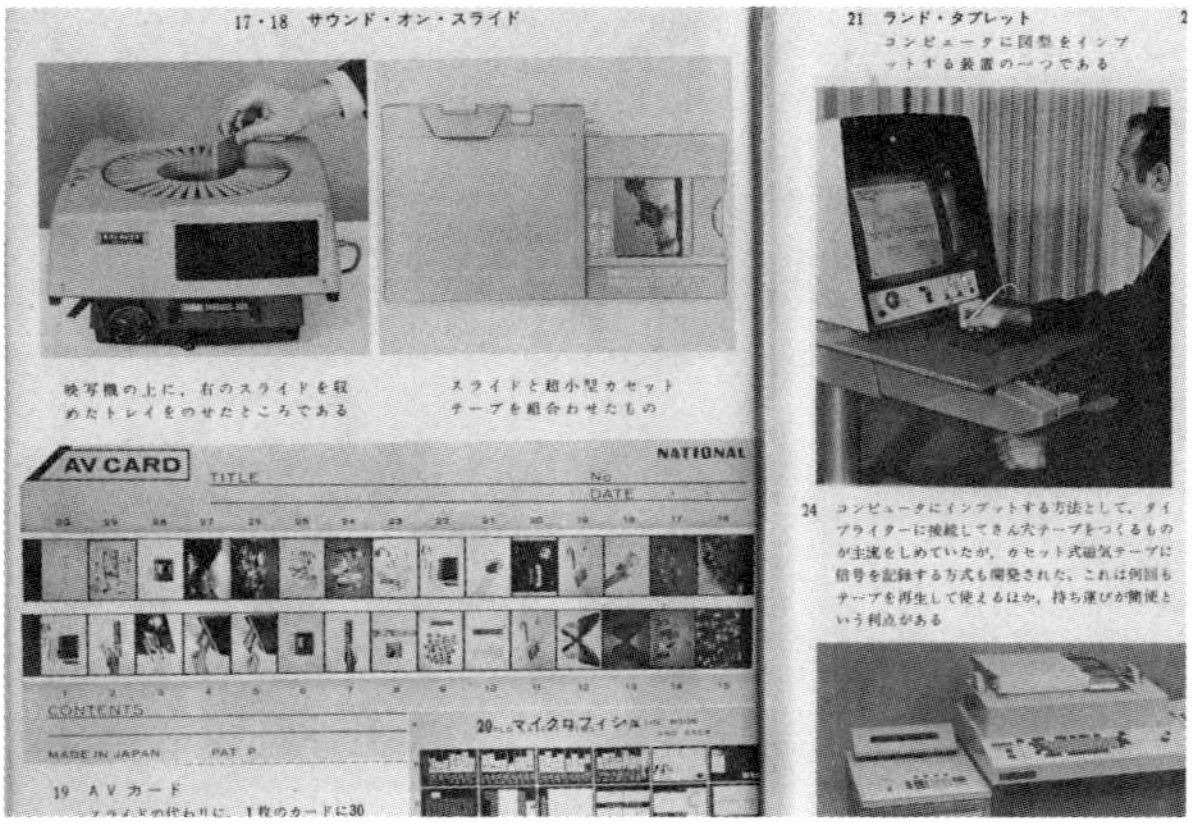

左上音声付スライド、下画像用IBMカード、右上ペン入力、磁気テープ入力の電算機『教育工学序説』

ださった。

◆エッセイ『メディア捕物帳』

『教育工学序説』が契機で、教育雑誌からニューメディアについて解説する原稿依頼が来るようになった。私自身は様々な視聴覚メディアの起源に興味があり、それを調べて一九七六年から月刊誌『視聴覚教育』に「メディア捕物帳」というコラムを執筆した。筆名を紀井須平（米の教育テレビ学者キース・タイラーのもじり）として一九八五年まで連載した。これについては、本章末尾の『からくり絵箱』で述べる。ブレッツの著書には米国以外の国で始まった放送大学の彼による実態調査があり、日本も放送大学設立を目指していたので、ＰＤ仲間と訳して部内資料にした。

◆ディレクターとして

『英語会話（中級）』は英会話劇部分の出演者に厚みを加えた。フォード財団の支援を受けたカマック先生、リチャード・ヴァィア（ハロー・ドーリーの舞台監督）、ドン・ポームス（「ラマンチャの男」で吉右衛門の顧問）など本職を揃えた。また、東宝が国際線旅客機内で放映する日本映画の英語吹き替えを演出家ビル・ロスに委嘱していたので、彼の現場を私は訪ねてゆき、在日タレントの情報を交換した。さらに私は、ＴＡＤＣという英米人のドラマクラブや日本人大学生による英語劇祭などから出演者発掘に努めた。

◆米国の客船でロケ

やがて英会話の教材として、アメリカの生活をテレビスタジオ内の小規模なセットで再現するのでは限界があると感じた。だが、渡航制限もあって外国ロケはできない。そこで日本で米国を感じさせるような場所を探した。結局、アメリカンプレジデントライン（ＡＰＬ）の客船に目をつけた。米国客船は横浜と神戸に寄港するがその間、日本船との協定で運賃を取れない。ただし広報目的で記者は無料で運べる。横浜のＡＰＬ支店長に掛け合って、タレント四人と制作陣四人を運ぶことに話をつけた。公共放送はＡＰＬ提供というクレジットは出せないが、視聴者は英語文化に非常に興味がある。船名入り浮き輪やファンネルマーク入り煙突などは「意図せずに映り込むであろう」といった。

ＡＰＬの支店長は笑いこけて「ＯＫ、ＯＫ」。観光客は新幹線で横浜から神戸へ行くので船は空っぽだから、八人は一等船客待遇で乗せるという。そこで「駆け落ち」というドラマ台本をヴァィアさんに書いてもらい、「香港まで駆け落ちを狙う若い男女の船上結婚式を船長がなんとか引き延ばし、新幹線で神戸に先回りした父親が船に乗り込んで抑える」という筋にした。航海中のドラマ撮影は本当に大忙しだったが、カメラを二台持ち込み、一台を助手に持たせて出航風景など自由に撮影を任せた。まかされた彼は大張切りでいい映像を撮影した。

私は、学生時代に観光客の出迎えで停泊中の客船に乗り込んだことがあり、外国客船でいつか船旅をしたいと思っていたが、やっと希望を果たした。

◆一九七二年九月八日「教養特集：言語と思考」

沖縄が日本に復帰した一九七二年に、米国言語心理学会のジョン・B・キャロル会長が来日すると聞いて、私は『教養特集：言語と思考』を提案し放送した。彼の著書『言語と思考』は偶然、原書で読んでいた。番組はキャロルと入谷敏男（言語心理学）、國弘正雄（宇宙船の月面到着の放送時の同時通訳者）、安岡章太郎（小説家）の四氏の座談会にした。私としては準備時間不足の後悔が多い番組だった。座談会は中心になる二人を定めておいて、それぞれの参加者の持ち味を生かすように進めるといいのだが、この時、誰をキャロルとの軸にするかはっきりしていなかった。勉強不足で収録前に安岡先生のご気分を損ねてしまう失敗をした。

この年（一九七二年）連合赤軍による浅間山荘事件が起き、その攻防戦のテレビ中継で大変だった。一九七三年に米軍が撤退し、ベトナム戦争はマスコミから消えた。

◆一九七三年『発想別英語会話教授法』

一九七三年に英語会話番組のテキストに出た「単語」「文型」「英語教育番組の簡単な歴史」を加えて単行本にした(31)。単行本にする時、英語会話番組の講師や助言者に論文の寄稿を依頼した。かいつまんでいうと、田崎清忠先生は「番組改善のための実験番組試作経験」を執筆して下さった。入谷敏男先生は発想別のAとCを言語学の術語「(con) tact」と「(co) mand」で論じられた。安田一郎先生は、英語会話に現れた文型分類法は指導目的なら有用だとされた。

(31) NHK編『発想別英語会話教授法』日本放送出版協会、一九七三年。

私は先輩や同僚が作成した「単語頻度表」や「英語教育番組史」を外部発表用に原資料から調べ直した。なかでも単語表の見直しは、長時間を要する作業だった。テレビスタジオ業務を終えて深夜帰宅してから、取りかかると途中で眠くなる。そこでやめて、翌日夜見直すと不規則動詞の扱いで不統一が見つかった。また、最初から原資料で頻度を数え直すということが何回もあった。単語頻度表をコンピュータの助けなしで築き上げるのは、うんざりする作業だった。近年、コーパスという言葉が学会でも聞かれるようになった。だが、実際にコーパスを扱って汗をかいた経験で他人が作ったコーパスを眺めるとその「不統一さ」が気になる[32]。

次に私は上級英語として、劇場映画『裏窓』のシナリオや「幼小向け英語」として米国の児童向け番組『セサミストリート』[33]の台本の表現を五文型で分類した。中級や上級の会話は破砕された文が時に全発話の二五％以上であることを明らかにした。こうして単行本は出来上がった。日常業務の番組制作を抱えながら、素人が単行本の編集や校正をするのは容易ではなかった。

◆物質名詞のカウンター

一九七三年から私はＦＭ放送の『イングリッシュアワー』や『楽しいフランス語』のＰＤとなった。

(32) 例えばeatの過去形や、動詞と名詞の両方があるmineである。もし名詞の「鉱山」として使われる場合は除くと決めたら、名詞のcan「缶詰」も除くべきだ。

(33) 『セサミストリート』をＮＨＫで英語番組として放送することになり、私は日本の幼児向けに教育番組化を担当した。間もなくテキストが充実したので番組には手を加えず米国製番組のまま放送するように方針が変わった。その前後、私は『セサミストリート』の台本を分析し、Ｅ．デール（『視聴覚教育』の著者でもある）の「Readability＝読みやすさの公式」で日本の中学英語教科書程度の難易度であることを明らかにした。

eauの水文字のアニメ

英語やフランス語の物質名詞は「（コップ一杯の）水」とか「（一片）の金」のようにその量を限定して示す様々なカウンター（助数詞）を伴う。

私は英語の小説を読み始めた頃、この未知のカウンターに出会うと辞書を引き、なぜ分かりきったものに限定を附けるのかと思った。また他人が「ひと切れのトースト」などと丁寧にカウンターを附けて訳している文章を読むと「トーストだけでいいのに」と煩わしく感じた。英仏語の教育番組を担当し、新しい単語を絵で紹介する時に厄介なのがカウンターだった。例えばフランス語の「eau＝水」という単語の音を映像化しようとすると「コップ一杯の」という単語も出さなければならない。純粋にeauだけを映像化したかった。フランス語班の木村佐知子ＰＤは、アニメーションで水道のホースから迸る水でeau（**写真**）と描いてカウンターの制約を逃れた。こうしてフイルム・アニメで、名詞と発音を学ぶ短編を何本か木村ＰＤが作り、私はその手伝いをした。アニメは『狼少年ケン』の作者の月岡貞夫氏に制作をお願いした。

語学講座班も一〇年在籍し、初期のようなアドレナリンがあふれた番組作りよりも「こなす」という感覚が芽生えた。新天地で番組開発をしたかった。

一九七三年はＰＤとして最後年で、その夏に父・宇佐美俊治が七九歳で天に召された。

6　放送文化研究所所員・一九七四年

◆静止画放送番組の研究

一九七四年夏、私は教育局から放送文化研究所（文研）番組研究部に配置換えになった。学会発表の活動や『教育工学序説』が静止画を扱っていたことが番組研究部の宮崎文郎部長の眼に留まった。そして同部の神山順一副部長が私を推薦した（発想別の件参照）。その番組研究部での初仕事は、技術研究所（技研）で開発中のハイビジョンや静止画放送などの新放送方式の効果や新番組の開発だった。静止画放送でＣＡＩ（電算機支援の教授システム）ができないか、というのが大きな課題だった。

私はまず前任者の研究計画に従い早稲田大学心理学教室に委嘱し、早大、聖心女子大生の計四〇六人を被験者にした。提示番組は二〇分前後の動画（映画）か静止画（スライド）の教材で記憶課題、弁別課題、問題解決の三課題を持つ教材を準備した。実験条件は被験者の回答に対して正誤をすぐ知らせる（フィードバック）の有無や同一教材の反復提示などあり、その組み合わせはラテン方画を用いた。私はこうして大規模な実験計画の立て方やその運営、データ処理を実際に経験した。実験結果は、静止画も条件により動画に負けない学習効果や学習意欲を上げることを明らかにした。その後、私は映画やスライドでなく、放送用の静止画番組の試作研究と効果調査に移った(34)。当時のテレビは映画やスライドに比べて解像度が低かった。「雨降り型」で八本、すなわち「テレビ随筆」「船の歴史」「劇画」「ＡＢＣの歌」「さなぎの変態」「囲碁の石塔絞り」、「脚注型」「マイナスワン音楽番組」を試作した。「ＣＡＩ型（やけどの手当）」は婦人学級のメンバーや学生を被験者にし、松下視聴覚教

(34) 拙稿「静止画による学習プログラムの研究」『文研年報』二一号、一九七六年六五〜七八頁。

育研究財団（以後、松下ＡＶＥ）のＬＬ教室を利用して効果実験をした[35]。「多線ランダムアクセスのフランス語講座」は米国の教育工学雑誌に掲載された[36]。以上の試作品は例年六月の技研公開で展示し、見学者の反応を見た。また、新放送方式のリモートコントローラーには「〇から九までのテンキー」以外に四選択の色ボタンや「戻る」というボタンが必要であるとリポートした。これは技研からメーカーに伝わって、現在のテレビリモコンの標準装備になった。また、技研の難波誠一技師と共同で開発した『学習装置』は特許を取得した。静止画でドラマやドキュメンタリー番組を作るとき、気を付けたのは「五感に訴えること」だった。そのためセリフ、ナレーション、音響を総動員した。ラジオドラマでは、「はるか向こうの暗い森から白い馬が」など色の対比、登場人物の表情や距離感をコトバで表現する。静止画の「テレビ随筆・記憶の旅」ではステーキが焼ける音や、教会の鐘、石畳を歩く音などを使った。またカセットと絵本の物語教材では「大きな滝があります」というナレーション原案を次のようにしてみた。

ザーという水音、子供の声『うわー冷たい！』

ナレーション『見上げると首が痛くなるような大きな滝です。』

(35) この経験から映像のオンライン・リアルタイム反応調査法を思いついた。
(36) Usami, Shozo "Parallel Random Access Systems: A New Method of to Improve Foreign Language Training." *Educational Technology*, Vol.19, No.1, N.J. 1979. pp.33-35

画面に付けるナレーションも描写型、補足型などいくつかのやり方がある。静止画では効果音や背景音楽の使い方をラジオドラマで調べて研究した。

◆電子技術の進歩

技術の進歩は早く、より高精細度の画像や音質が優れたメディアが生まれて、すばらしい演出効果をあげる見込みがでてきた。だから、それまでのテレビ（アナログで画質が低い）で、サービスの改善を目指す静止画放送の開発は、一段落を迎えた。

一九七八年には実験用放送中継衛星「ゆり」や、一九八九年にハイビジョン試験放送が始まり、静止画研究は終わった。だが後述のように映像と言語を研究する機会を与えてくれた。その後、私は学校放送の利用状況調査などを手掛け、毎年のように大規模な社会調査の技法を経験した。一方で外国文献の紹介を書いた。学校放送の縁で全国の教育委員会やＮＨＫの番組利用事業部から講演依頼が来て、各地に出張した。

一九八九年六月、中国では大規模な学生集会を権力側が解散させる天安門事件が発生した。

◆コトバは二項からなる

静止画放送は大量の画像を必要とする。「画像」と「コトバ」の関係について考えさせられた。コトバは二つの要素＝主部と述部からなる。しかし画像は一枚の絵で猫を描いても「猫」だけを描くことができない。「笑っている猫」や「枝の上の猫」のように、その状態が伴う。つまり絵は一枚で「名詞＋動詞」や「名詞＋存在動詞」なのだ(37)。次に画像は述部だけを絵にすることができない。「猫が笑っている」という文や「馬が走っている」という文で「笑っている」や「走っている」だけを画像に描くことは不可能だ。

ルイス・キャロルは『不思議な国のアリス』でチェシャ猫が笑っていると猫が消えて「笑い」だけが残ったという不思議な文を書いた。これはコトバだから成立したのだ。その部分の挿絵（**写真**）で画家ジョン・テニエルは猫が消えて「笑いだけが残った」を描こうとした。それでも、やはり半透明の猫の顔は残っていて「笑い」だけを書いてはいない。

猫が消えて笑いが残る。テニエル画

放送文化研究所には佐々木貫二さんがいて記号論を研究していた。佐々木さんは「漢文では『～である』とか英文のbe動詞に当たるコピュラ（繋辞）(38)が省略される」という。漢字は象形文字なので、画像もつぎつぎに繋いで文を作ることができるのだろうか。「ライオン」「鉄砲」「倒れたライオン」「喜ぶ村人」の画像を順次に提示することで、ある物語を言語情報なしに伝えることができる。これを佐々木さんは「累積的限定」と呼んだ。

佐々木さんは「画像はそれだけでは『否定』や『命令』『受け身』を表現できない。また抽象名詞

(37) これは図鑑など「名詞を扱う絵」にもあてはまる。

(38) コピュラ（Copula）は命題の主辞と賓辞を連結して否定または肯定を表わす語。英語のbe 動詞や、「吾輩は猫である」の「である」がコピュラに相当する。

の『概念』とか『恐怖』を画像にするのは難しい」とした。ただし「人類」を表すために「影絵にする」、大勢の人の写真を高速度で次々に提示するなどの技法はある。

そして、彼は「ガイコツ」や「バツ」マークは約束事で、新しい漢字（絵文字）の発生につながるとした。

◆ビデオディスク
一九八〇年ごろからスペースインベーダーゲームや、八ビットの卓上型パソコンがでて話題となった。松下ＡＶＣでは「ＭＳＸ-２パソコン」で外国映画のビデオディスクを制御すればＣＡＩができると企画した。東大の東 洋教授をトップにした大きなプロジェクトだったが、実際に私たちが試作してみると、当時のビデオディスクは惰性があって、パソコンが指定した位置から通り過ぎてから停止する。結局、アイデア倒れに終わった(39)。

◆「煙を固定する」試み
一九七六年に、私は発想別Ａの小項目が果たして飛行機モデルのような三次元に客観的に纏まるかを実験で確かめようとした。小熊均先生（都留文科大学）を顧問に上智大で学生対象に実験、結果を東大の大型電算機で処理した。小熊先生は防衛庁で大型電算機を扱いなれていた。

実験の結果は、類似の表現はそれぞれ一ケ所に纏まるが、その纏まり方は飛行機のような三次元モ

(39)『CD-ROM/MSX-Ⅱ/CAI利用学習の実験的考察』東 洋・編、科研費報告書（昭和六一年）総合研究A6030100，一九六七年。

デルにはならず、また、ある項目が違う項目と同一空間に重なってしまった(40)。

この失敗で学んだことは「言語表現を分類するのは案としては面白いが『言語表現は煙のようなもの』で固体を分類するようには上手く行かない」ということだった。

上司の神山さんは「この実験は綺麗には纏まらないだろう。でも結果を正直に書け。そうするならOK」とGOサインをくれていた。

神山さんは、ほかの研究者にもスランプの時は年表を作らせたり、「内容分析」をさせたりと、とにかく作業をさせ、そのうちに回復させるという「研究者管理」が巧みだった。

また新人の研究者には「何か結論が出る小さい小屋＝小研究＝をまず建てなさい。次にそのスケールを大きくして方法や場面を変えて新しい研究＝建て増し＝をしなさい。初めから大建築を建てようとめざすと玄関を作るだけで息切れして、座敷までは作れません」と指導していた。

私は神山さんが駒沢女子短期大学教授として去ったあと、一九七九年に主任研究員になった。

◆談話研究会

一九七五年から七八年に掛けて、発想別教授法に注目した入谷敏男先生の案で談話研究会が生まれた。この研究会は発想別が英語だけでなく日本語教育にも使えるのではないか、発想別を言語学的に理論づけできないか、というのがテーマだった。それ以前に私は英語聴解力の研究会を教育大の大内茂男先生と始めていた。そこで水谷修国立国語研究所日本語教育室長、高木和子（山形大）、小熊均

(40) 拙著「『発想別』による英語会話用カリキュラムの開発」『文研月報』一九七七年五月号。

の三先生、松下ＡＶＥの田中豊雄研究室長、教育大助手の田中敏さんら三人の計一〇人で研究会を組織した。私は会場の確保や連絡、会合の記録をした。会場は松下ＡＶＥを使った。

談話研究会は最終的に科学研究費を得て報告書に纏めた(41)。研究会では、外部講師を招いてＪ・Ｌ・オースティンの「言語行為論」の勉強会もした。「言語行為論」は概説すると「言葉の意味は前後の脈絡による」という。

私は「発想別教授法は学問として確立するのは難しい。だが初心者への教授法としては有効だ。だから理論にならないものがすべてダメではない」と悟った。

◆学校放送利用状況調査

静止画研究が一段落したら、文研で例年の「学校放送利用状況調査」を担当するように命じられた。統計はやりたくない分野で、最初は蕁麻疹（ジンマシン）が出るほどだった。だが、質問紙を作って全国の学校に送り、返送された回答を分析するうちに慣れてきた。

一九八二年ドイツで開かれたユネスコの会議で「グルンバルト宣言」が出され、各国はメディアの発達に応じてそれらを有効に活用する『メディア教育』の推進を決議した。

一九八三年に私は「各学校ではどのくらい『メディア教育』をしているか」を調査した。調査票では「メディア教育」という語は使わず「校内放送」「映像理解力」「作品自作」「番組を見る指導」「マ

(41) 大内茂男代表『対話構造の言語心理学的モデルの開発（昭和五三・五四年度科研費特定（一）三一〇七〇四号と四一〇二〇四号関連報告書）』一九七九年。

スコミの役割」「批判力養成」という単語を含む質問文にした。「一学期に三回以上」など頻度をつけて視聴覚主任の回答を求めた[42]。結果は、「校内放送」が小学校で三三％、中・高で二五％だった。あとの項目は一〇％以下であった。

一九八七年に五冊シリーズの『メディア教育のすすめ』が出版され、私もその第三巻に上記の調査結果とともにメディア教育を実践している成城学園初等記録学校の取材、立大での私の授業結果を具体的に書いた。

◆教材開発と効果研究

一九七八年にＮＨＫサービスセンター（以下、ＳＣ）から私に『中学生のためのヒアリング』教材制作の依頼が来た。私はカセットテープとテキストを組み合わせた、スクランブルブック型教材を企画した。英国式英語で物語や設問をカセットに録音し、テキストには本文や設問とは別ページに答えを配置した。物語は少年が国際キャンプ場から行方不明になるという出だしだった。テキストの頁の下隅に「めくってよし」や「その課の録音のカウンター数値欄」を設けた。だが、録音に合わせてページをめくるのは手間で、コンピュータが使えたらと思った。

同年にＳＣから続けて幼児向け英語学習教材の制作依頼がきた。語学ラボラトリー学会（ＬＬＡ）の大八木廣人先生を中心に若手会員（助手など）によるチームで『A BRIDGE TO ENGLISH』（**次頁写真**）を制作した。これもカセットの音声を聞きつつ絵本をめくる形式だった。「蜂の巣型カリキュ

(42) 拙著「メディア教育のすすめ」『放送研究と調査』一九八五年五月号。

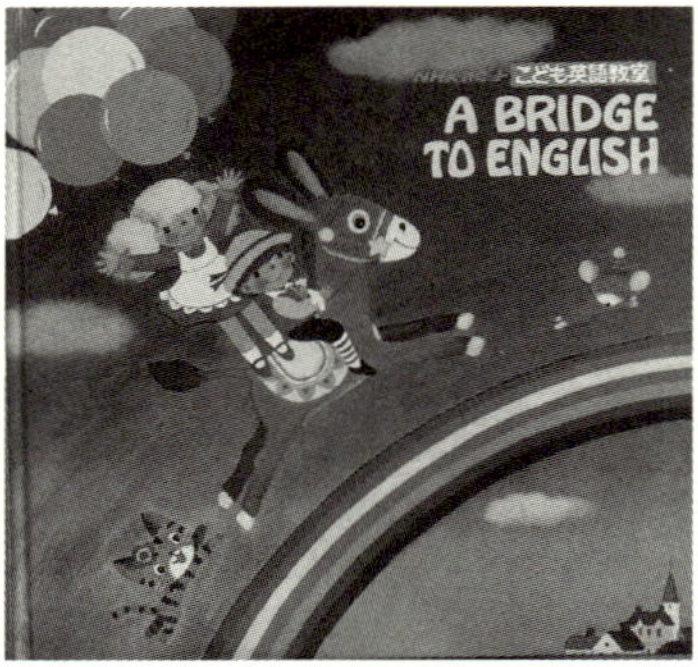

A BRIDGE TO ENGLISHの表紙

ラム（無構造のシラバス＝第三章で説明）」「重点画像の分散配置」「チーム員の創意発揮」の三点を考えて制作、大いにヒットした。

分散配置は「ヤマ」と「タニ」を交互に配置して、全体としていいものに見せる技法である。この三点は後に同形式の『JOURNEY TO ENGLISH』を作るときも指針とした。

なにか物を作るときは、まずチーム作りが必要だ。これまで様々なプロジェクトを見てきて、優秀な人を集めすぎても、お互いに押し合って外に力が出て行かない場合を見た。

また、それとは別の話だが、次のことが念頭にあった。ある教授は助手や技官に研究の実質的な仕事をさせて、その書籍は自分の名前だけで発表し、副教材（ワークブックなど）を作って売れても印税を配分しないのだ。実際に視聴覚機器を使って授業を進める力量や、教材の良否を判断する力は助手たちのほうが学生に常に触れてわかっているケースがあった。だから、そうした力をうまく新教材に注げば新しいものが生まれる。

一方、私は番組制作を離れたがＳＣのおかげで制作意欲が満たされた。教材商品の開発はテレビに比べると売れ行きという物差しがあり、責任を感じた。商品は教材の製作期間や製造費、どのタレントで演技させるかなど配慮すべきことは多かった。

◆教科書付属映像教材

ＬＬＡ学会では、賛助会員が様々な英語教材を展示していた。多くは外国製で植民地の人の英語力を増進するためのものである。挿絵などは美しいが教材自体は日本人向けではなかった。

私が大学に転職してから、教科書会社Ａから「英語教科書にビデオを付ける。そこで映像制作を監修して欲しい」と頼まれた。早稲田大学のそばの貸スタジオに入ると、隅にダブルベッドが置いてある。いつもはアダルト映像を制作しているらしい。カメラとマイク、照明のスタッフにディレクターがすでにいて、子役二人と大人の俳優男女が稽古をしていた。教科書は文法事項を教えるための例文を台本にしているので、実際に会話させてみると不自然だった。ディレクターは子供の扱いを知らず、ただ立たせて英文を棒読みさせている。英語教育のことを知らないのは明らかだった。先生役の俳優の説明も上滑りして、どうにも手入れのしようがない。これは、その他のクイズ番組などでも当てはまるが、やはり長い試行錯誤を経て作り上げられた放送番組は単純なようでも、いろいろ工夫が隠されていた。

◆単行本

①『ビデオ時代の校内放送』

通信教育部在職中、君田充チーフディレクターが国土社から校内放送の本を書くように委嘱された。小学校にも校内ラジオだけでなく校内テレビが普及しはじめていた。君田さんは大泉の学芸大学付属小学校を取材したところで、インドネシアへテレビの指導のため転勤した。その本の仕事を私が引き継いだ。君田さんは番組で小学生向けの文を書き慣れていた。さらに単なるハウツーでなく、マスメディアがどのような働きをするかを記していた。

私も校内放送の実践校を何校か取材して、一九七五年に上梓した(43)。私は知識がなくても、取材をすれば未知の分野でもある程度の本が書けると知った。

②『からくり絵箱』とレッセージ

月刊誌『視聴覚教育』に連載していた「メディア捕物帳(44)」六〇編を、古書店ペリカン書房の品川力店主のお世話で青英舎から『からくり絵箱』と題して一九八二年に出版した。カバー絵（**写真**）と装丁は宇宙画家の岩崎賀都彰氏にお願いした。

その「あとがき」を書く時、私は「レッセージ」という造語を思いついた。それは展示や遺跡、名山など無生物からメッセージを受けとるのが「レッセージ」だ。だが、それは人と人の間のコミュニケーションでも、受け手は送り手の発するメッセージを受け手なりに解釈し、レッセージを発生させる。メッセージとレッセージはしばしばずれる（**次頁図**）。私はそれが映像でも起こると

『からくり絵箱』書影

(43) 君田充、宇佐美昇三（共著）『ビデオ時代の校内放送』国土社、一九七五年。その後一九八六年に（八版）まででた。
(44) 一九七八年一月号から「MM（メディア・メッセージ）捕物帳」、一九八三年四月から「からくり絵箱」と改題した。

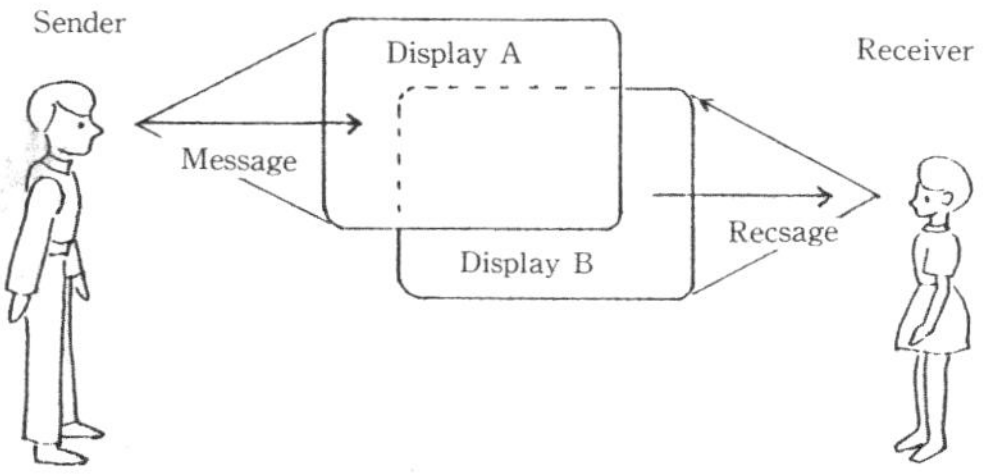

レッセージモデルの基本図

出版記念会、辻豊氏と私たち夫婦

「ディスプレイ」というものを介在させて説明し、日本映像学会で発表した。

私は『メディア捕物帳』を書くとき、ある義務を己に課した、それはできるだけ「文献で確かめる」。そして関係者に会う。それらは書き上げた段階で削ることになっても実行した。後にはさらに「現地を訪ねる」が加わる。毎月一定の分量の字数に原稿を纏めるには助詞を節約、表現を入れ替えるなどした。『からくり絵箱』は二〇誌あまりの雑誌に書評が載り、文研の先輩たちが身に余る出版記念会をプレスセンターで開いてくれた。主賓には朝日新聞の元・名文記者辻豊（つじ・ゆたか）氏を迎えた（**写真**）。さらに日本ペンクラブの井上靖会長の推薦で、私は日本ペンクラブ会員となった。エッセイスト宮野力哉さんの口添えであった。

日本ペンクラブでは、言論部会のミステリー作家佐野洋委員長のもとで差別語委員会に入った。そこで、私は日本ペンクラブ全員に「いわゆるコトバ狩りによる創作上の苦労」をテーマにアンケート調査をした。次に人権団体との対話した経過を単行本『「差別表現」を考える』の一部に纏めた(45)。

(45) 日本ペンクラブ編『「差別表現」を考える』光文社、一九九五年。

これより先、私は文研に在職中「特殊教育(46)」という言葉について東京や関西の養護学校関係者、人権団体関係者と話し合いを経験していた。

◆『英語教育番組略史』

私が文研に勤めてからも英語教育番組は様々な変化をみせた。LLAには戦前から英語教育に従事した先生もいらしたので聞き書きをした。それを「英語教育番組略史：大正一四年から昭和五四年まで」として一九八〇年の『文研年報・二五号』に発表した。

すると日本英学史学会の池田哲郎会長から誘われて同学会会員になり、一九八三年の『英学史研究十六号に『最初の日英海戦・一六〇五年マレー沖』を発表した。これは文研に保存された古い『ラヂオ新聞』の番組予告がもとである。さらに英書『ハックルート航海記』や「能島水軍」の古文書を調べて書き上げた。

◆語学番組利用者調査

次に英独仏西中露語ハングル講座番組の利用状況調査をした。これはテキストにハガキを入れて、利用者の職業や利用目的を尋ねるので、回答数は四千人から二万人ほどである。これらの調査は過去にも何回か実施されているので、経年変化も調べた。結果は『放送研究と調査』や『英語教育』に発

(46)「特殊教育」は法令で定めがあった語だ。だがマスコミは摩擦を避けて養護教育などといい換えていた。二〇〇七年学校教育法で特別支援教育と改正。

表した。

◆広報番組の研究

ＮＨＫでは番組広報に力を入れる動きが始まり、私は朝日放送の開局記念番組「コスモス」の広報戦略を調査した(47)。新聞と放送との連携やイベントの活用など、大いに学ぶことがあった。幸いにも朝日放送のキャンペーン担当者からも好評で、私の報告書は何部も請求された。

◆いわゆる「一億総白痴化」と教育放送

『戦後教育の論争点』は教育調査研究所の『教職研修』の特集号で、私は英語教育に関する平泉・渡部論争や大宅壮一の一億総白痴化を調べて寄稿した。詳しく調べてみると、大宅は「マスコミの白痴化」「一億の白痴化」と書いているが「総」は付けていない。のちにわかったことだが、「一億総白痴化」と総をつけたのは松本清張で、それを大宅も使うようになった。物事の起こりは調べてみると通説のように簡単ではない。

◆非常勤講師

テレビ「楽しいフランス語」の講師は立大の林田遼右先生だった。文研に私が異動してからもフランス語班との縁は切れず、タイトルバックを立体模型で作り、グラスファイバーの先の胃カメラで模

(47) 拙著「朝日放送による『コスモス』の総合キャンペーン」『教育メディア研究』三巻二号一九九七年。

型の町の中を散歩させる案を出して採用された。今ならＣＧで簡単にできる。

林田先生は立大の「コミュニケーション」の講師に私を推薦して下さり、週一コマ担当で母校の非常勤講師となった。メディア理論を本から受け売りしたり、現場経験を自慢ぽく話したりしないようにした。私が大学教員に代わってからを含め山梨大学、都留文科大、大阪大から集中講義を依頼された。さらに文部省社会教育局（のちに生涯学習局）の委員会委員になり、臨時教育審議会に提出する資料や視聴覚教育、放送教育、コンピュータ教育の指針作りに加わった。

学校の教材基準に新しい視聴覚機器を入れて普及を図る会合で、教育とはゲバ棒を使わない静かな革命だと思った。一方、教育は権力の意志に沿って国民に圧力をかけるのだ。

◆ユネスコのワークショップなど

一九八一年秋にマレーシアのクアラルンプールでユネスコとＡＰＥＩＤが共催するアジア放送要員の研修会があり、私はリソースパーソンとして出席した。モルディブから西イリアンまでの十数ケ国から放送局員が集まり、課題をこなす。

マレーシアのテレビ局には、かつて日本に研修生としてきた陳天領さんがいて久しぶりに再会した。この年の夏はＬＬＡで初の国際学会ＦＬＥＡＴが東京で開かれ、私は実行委員として広報活動に従事し、会場に「バベルの部屋」を運営した。この部屋では英語以外に独仏スペイン語などの語学ビデオを掛け、奇怪なバベルの塔の大模型を飾った。

学校現場はＬＬ機器だけが設置され、技術者や録音教材を編集・管理する助手が配置されている学校は稀だった。教師は機器の操作の面倒くささや教材準備、後片づけが重荷になった。後方支援を欠いたＬＬ教室は使われなくなっていった。

◆笠戸丸の取材

放送文化研究所（文研）に移動して、ようやく自分の趣味にも時間をさけるようになった。国際局時代に通った夜学のブラジル語講習会場で、偶然『かさと丸』という記念誌を手にした。その中の笠戸丸の前身についての記述があやふやで私は気になっていた。詳しい過程は第三章の拙著紹介に譲るが、私は結局、一九八三年から英国に三回出かけて笠戸丸の前身の決定的な証拠をつかんだ。その後、笠戸丸の各時期の関係者を取材、同船ゆかりの国内外の土地を訪ねた。不思議なことに思いもよらない情報が突然に現れてノンフィクションの醍醐味を味わった。笠戸丸の船歴は地味だったが「後方支援」の大切さを具体的に教えてくれた。

◆映像理解の研究（第三章関連部分を含む）

レッセージ発見のきっかけは、映像理解もその一つだった。院生時代に「オーバーラップ＝ＯＬ」を使った夢のシーンを小学生は何年生から理解できるかをテーマにした。だがその時は論文にできなかった。この問いは米国で『ペギーとピエール』を制作した目的の一つだった。帰国後はテレビ番組制作が多忙で映像理解の研究はできなかったが、文研に転勤してふたたび『お迎え狸』と『ペギーとピエール』をあちこちの小学校で実験し、次の発見があった。

①経年変化　児童は一九八〇年代になるとテレビ映像に幼児期から接しているので夢のシーンのOLを難なく理解した。

『お迎え狸』は終戦直後の製作で山村の子供が出るが、現代とは児童の服装が違い、映像理解を妨げた。一〇年、二〇年を経て理解度の変容を見るには映画自体の内容吟味が必要だ。

②文化の差　『ペギーとピエール』は米国の子供向け映画なので、学生クルーの映画製作の「キメの荒さ」や生活習慣の差が日本の子供にとって物語理解の妨害になった。英語で会話し、英語の掲示物などで物語が進行するから映像理解はさらに難しい。反面、コトバにとらわれず映像言語だけで理解する力が検査できると期待した。しかし、米国人には理解できる「子供が犬の散歩で報酬を貰える習慣」や、「その報酬が二五セント硬貨で支払われる」当時の慣習を知らないと、日本人の大人でも筋が掴めなかった。米国人には分かるような「犬を飼い主の家から連れ出したり、戻したりするシーン」の省略が、筋の理解の妨げになった。

日本の小学六年のある女子は「お迎え狸」をみて「あれは夢を見ていたと思います。でもそれは私がそう思ったからで、違うのかもしれません」と書いていた。これが私には「レッセージ」という考え（送り手のメッセージと受け手の解釈は必ずしも一致しない）を補強した。

◆映像批判力

立教大学で非常勤の授業で『ペギーとピエール』を上映実験した時、学生A君が「あそこは、明らかにモンタ（ージュ）の失敗である」と批判した。そのくだりは「少女ペギーが公園で犬と遊ぶシーン」と「母親がペギーの帰りが遅いので心配して窓の外を見るシーン」を交互に二〜三回繰り返した部分である。母親が外を見た後には、通行人がいない街路を俯瞰で撮影してあったが、最後の繰り返しだけ街路を省略した。実験における調査者の私の設問は母と少女は「①見える場所にいる」「②見えない場所にいる」「③わからない」の三選択でこの部分の解釈を学生に聞いたのだ。多くの学生は②と答えたが、この学生は「実は見えない場所にいるのだが、これでは①とも答えられる。監督の失敗だ」と書いていた。

◆実験方法の改善

映画を見せて特定のシーンの解釈を尋ねる方法はいくつかある。事後アンケートではそれがどのシーンの問か被験者に分かりにくい。だからOLの技法を確かめるには、映写機を止めて質問するしかない。しかし暗い部屋では回答者は筆記するのが難しいし、被験者間の囁きは周囲に広まってしまう。そこで新型の語学ラボラトリー（LL）には個人ごとに録音機やテレビがあるのに注目した。ビデオで『ペギーとピエール』を学生に提示し、OLの場面で一時停止する。私は全員呼び出し装置で学生全員に選択肢の①夢、②願望、③空想を尋ねた。学生はヘッドセットを被っているから隣席の学生の回答は聞こえない、答えをめいめいのカセットにマイクで録音する。私は終了後に数十本のカセットを回収し、音楽用の再生機の早送り装置に掛けた。この再生機は音楽の切れ目の箇所で自動的に停止機能がある。そこで答えを表に記録して、別の学生のカセットを掛ける。こうして四〇人くらいの集計は一時間もあればできた。この方法を私はオンライン・リアルタイム反応記録法と名付けた。さらに、その技法を映像理解力や英語聴解力の検査法として映像学会やＬＬＡ（のちにＬＥＴと改称）で発表した。

コラム　須賀友三郎

終戦直後の一九五〇年前後のこと、カムカム英会話の名講師として知られる平川唯一氏は世田谷区に住んでいた。その近くの交番勤務の警官、須賀友三郎は平川を訪ねてくる外国人の道案内用に英会話を学ぼうとした。交番の向かいのラジオ店に交渉してカムカム英会話の放送の音量を上げてもらい、パトロール中も暗唱を繰り返した。

やがて一九五八年テレビで米テレビ製の連続ドラマ『ハイウェイ・パトロール』が始まる頃、須賀は無線パトカーの指揮室勤務になり、外国人が路上で難儀していると無線で話しかけ、問題を解決した。

そして鑑識課に異動した須賀は指紋を電算機で素早く照合する方法を開発、ロサンゼルス警察に招かれて十年以上前の殺人事件を解決した。

私が英語番組の利用者を取材するために、電話した時、須賀は米国行きの寸前だった。帰国時期を見はからってまた電話すると夫人が出て、須賀氏は米国で帰国寸前に交通事故で亡くなったという。この話は「戦後の英会話ブームと英語放送の発展」として『英語教育』一九九三年八月号に掲載した。

第三章　教員時代

1　上越教育大学に転職・一九八六年

◆新構想の大学院

一九八五年春、ある講演会を聞きにいくと、大内茂男先生が私の後ろに着席された。しばらくして背中を叩かれ紙片を渡された。「貴殿の生年月日をお教えください」とある。私は、黙って昭和九年七月七日と書いてお渡しした。数週間後に喫茶店に呼び出された。大内先生は教育大から筑波大学を経て一九八四年から上越教育大学（以下、上教大）に異動しておられた。

大内先生は私にも上教大に転職を勧められた。NHKの了解を得て退職し、一九八六年三月一日付で私は同大学実技教育研究指導センター（以下、実技センター）助教授に就任した。満五一歳だった。

国立大の教員になるには学歴、実務歴のすべての証明書が審査に必要だった。実技センターでは英語科院生に視聴覚の理論と実技を研修させるのだ。院生は二年間修士課程で、人によっては教頭や校長になる道も学び、中学・高校の現場に生かす。それが上教大の設立構想だった。

教職員組合を弱める政策だと反対する声もあった。一九七八年に創立されて、最初は大学院だけという案だった。だが学校教育学部が併設された。小学校教員養成用に全八教科を揃えた。だから単科大のわりに教授（以下、助教授以下も総称的に含む）が多かった。例えば美術科であれば「美術の教授法」のほかに日本画、西洋画、彫刻、工芸、折り紙までそれぞれ専任の教授がいた。

実技センターといっても特に建物はなく、英語科の一角にＬＬ（語学ラボラトリー）教室と自習用ＬＬ、そしてガラス窓で仕切られた二室の教材作成室があった。教材作成室は空室だったので、私は映像教材が作れる機材やパソコンなどを設置した。

私は英語科院生対象の授業や論文指導とあわせて学部生の英語の授業も持ち、自分の研究もした。教授になるには国立大での教職歴と論文や著書の数が要件だった。助手の定員はあっても処遇が不充分で定着せず、技官はゼロで教材制作をバックアップする体制がなかった。テレビ番組制作の経験が、いくらあってもスタッフがいないと何もできない。

二十年以上勤めたマスコミの世界から地方の大学へ転職するのは不安もあった。しかし、「続基礎英語」講師だった安田一郎先生は「あなたは大丈夫だよ」と肩を押してくださった。東京から日本一の豪雪地帯という高田まで、車でゆくと三六五キロあった。「山路越えて一人行けど」という讃美歌が思わずハンドルを握っている口からこぼれた。

◆教授に昇任

一九八六年ＮＨＫは放送衛星を使って二四時間実験放送を開始、三年後の一九八九年に本放送に昇格した。同一九八九年四月、大内先生はすでに退官していたが、新主任川本崇雄教授の推薦で私は教授になった。

院生にビデオ教材を制作させるには、さまざまな資料がいる。そこで各教科の資料を使わせて貰った。音楽科からはレコード、美術科からは石膏製の彫刻用モデル、理科から標本などである。どの教授も気持ちよく貸してくれた。お願いに上がる前に大学紀要で各人の論文などに目をとおしておいた。

◆学内研究会

教授たちは専門に専念し、他教科の教授と交わらないようだった。それでも学内の宮澤賢治研究会のように文学、天文、地学、音楽などの教授が集まって話し合う会もあった。新井郁男教授（後に副学長）には、放送文化研究所時代から面識があった。先生は学内で異文化間教育の研究会を持たれていた。私はそこで外国人英語指導助手＝ＡＥＴ＝が来日して起きる文化摩擦問題を調査した。調べるとＡＥＴは教師としての訓練もなく、日本の地方の中学、高校に配置されていた。観光ブームの現二〇〇〇年代と違って外国人は地方では珍しく、ＡＥＴの住まいを村人が覗きに来る例があった。ＡＥＴから見れば住居として与えられた農村の一部屋は狭苦しく、防音や水回りが不備だった。プライバシーを重視する彼らには耐えられない。頼りの日本人英語教師は意思を疎通できない(48)。一九八八年から二年間で二人のＡＥＴの自殺者がでた。

(48) 英語教師が外国人教師と意思疎通が難しい例は、大学レベルでも見られる。会話能力の問題もある。だが根本的には教員が相手の文化的背景を理解する寛容度だ狭く、説明能力低いのだ。それは学校という狭い世界で育ってきたためだろう。ここでも後述のレッセージのずれが発生している。

私は定量的な方法と定性的な方法を重ね合わせて、少数例から科研費報告書の第二章(49)に纏めた。

◆教授と学生

上教大以外の大学や学会では、教授で学識があっても人間性の成熟が不十分な人を見かけた。同僚を困らせ、学生の指導でこれが教育者かと思うような例を聞いた。

学生はレポートや論文を書く際に主題を見つけ、それに適した方法で、ある期間で纏める必要がある。だが、その方法が分からず苦しんでいる。

教授はそこで何か鍵を与えればいいのだが、その鍵をうまく言語化できない。学生は「教授は初心者に丁寧に指導する人」と思っているから憤慨し、落ち込む。上教大のように院生は中高の現場から選抜されて送り込まれているので、すでに生徒指導の経験も自負心もある。しかし学問の壁は高い。授業現場とは関係ない知識を覚えなければならない。勢いスランプに陥る。

思い出すのは文研の神山順一さんで、彼はスランプになった研究者には「専門誌〇年度の記事で内容分析をして」とか「その領域の年表を作れ」のように単純だが時間が掛かる課題を与えていた。その研究者は机に向かって仕事をしているので、外見も繕える。そのうちに内容分析や年表作りからテーマを見つけて、自立して研究を始めるのだった。彼はへそ曲がりの人材でも適所に配置して、

(49) 拙稿「ＡＥＴから見た日本人の国際的資質」『日本の児童・生徒の国際的資質・能力育成に関する基礎的研究』中西晃代表、平成元年度科研費（総合Ａ）報告書（63301101）。および、拙稿「外人と指ささないで：ＡＥＴ文化摩擦調査より」『英語教育』一九九〇年九月号。定量的と定性的方法を交互に積み上げる手法は見田宗介「価値意識の理論」弘文堂新社、一九六六年がヒント。

力を振るわせた。

さて、上教大では教授とそりが合わずに授業に出てこない院生が時に現れた。私はそうした院生を迎えに行き、なんとか研究を軌道に乗せさせた。視聴覚教材は何かと手がかりが多く、研究テーマを見つけやすい。

◆大学事務局

国立大学は学内委員会が多く、私のような経験の浅いものでも昇格人事や、様々なプロジェクトに関係した。教育と研究と会議の三Kで忙しかった。私が事務局の部長級と気軽に話していると、事務官から注意されたことがあった。助教授は係長級、学長は事務局長と対等だというのだ。

だが、それは例外で着任早々挨拶に行った電話交換室の皆さんを始め、事務職員は大学に慣れない私を暖かく受け入れてくれた。初めは肌合いがちがう人でも、教えを乞えば融和できる。

質問されて怒る人は少ない。

私の提案はよく通った。雪が降らないので除雪予算が余る。そのような時、視聴覚教育に必要な機材や消耗品を請求すれば承認された。提案の書き方は番組提案でいくら書きなおしても落とされたから、それに比べれば楽だった。

◆苦手な言葉

ＮＨＫ在職時にあまり好きでないコトバがあった。それは「切り口」という言葉だ。上司から「この番組の切り口は何か」「あの番組は切り口がいい」などといわれると「貴方のいう切り口とは何ですか」と反問したくなった。彼らがいう「切り口」とは導入部の選び方や、その番組で言いたいことであり、それをうまく言語化できないので、彼らが「恰好いいコトバ」だと思う「切り口」を無批判に使うのだ。

私なりの解釈は、時代小説でいう「切り口」で「斬った後の断面の鮮やかさ」だ。

様々な番組材料があるときに、何かを捨てる。その捨てた結果、冴えた番組が生まれる。その冴え具合を誉めたのが私なりの「いい切り口の番組」なのだ。だから他は私が何を捨てたか普通は知らないはずだ。

「切り口」という抽象度の高い言葉を「導入部の格調が高いね」や「締めくくりのコメントでパンチが効いている」「コメントの歯切れいい」などとちゃんと言語化できる誉め言葉が使えず、その代わりに切り口という抽象語を乱用して欲しくなかった。

もう一つ、教育関係者が使う言葉で苦手な言葉が「位置づけ」である(50)。社会教育関係者などが「Ａという番組を導入に位置づけた」「Ｂはまとめに位置づけた」という。だが番組は品物のように棚に並んでいない。想起心像によって過去や未来に繫がって働くはずだ。そういう繫がりを見ずに固定していいのだろうかと私は苦々しく感じた。

(50) 拙著「苦手な言葉」（自由席『週刊教育資料』二〇〇〇年十二月十一日号）。

以下は私が学生時代に読んだ話である。あるライターがシナリオに『大都会の憂鬱を象徴する怪物が顔をだす』と書いてきた。しかし演出者はテレビドラマで、これをどう具体化すればいいのか分からない。ライターは同じ言葉を繰り返すだけなので没にしたという。

『セサミストリート』が日本に紹介されたとき、多くの民法局でもそれに似た子供向け番組を作れと上司から命じられた。

しかし、どのような人形を候補にしても上司は承認しない。結局、セサミで出てくる人形に似たものを出すと認められたという。結局、上司たちには具体的なイメージがなかったのだ。

2　共同研究に参加・一九八七年

◆大規模実験調査

一九八七・一九八八年にＬＬＡ関東支部調査部会を担当したとき、ラジオ英語講座番組の効果研究を企画した。それまでにも文研には効果研究があったが、大規模な効果研究はできないでいた。

『基礎英語』『続基礎英語』は通年のシラバスを持つ直接教授型番組だ。多くの中学校では、学校ぐるみで生徒に上記の番組を利用することを勧めていた。

『基礎英語』は一回二〇分（『続基礎英語』は一回十五分、それぞれ再放送を除く）で日曜日と年末年始の六日間以外の日は休まず放送していた。一年間の放送時間は一〇〇時間を超える。一方、中学校の英語授業は（学習指導要領の一四〇コマを一コマ五〇分と仮定して）一一七時間だった。

調査部会は東京、埼玉、新潟、富山の四都県の中学生二千人を対象に四ケ月の間隔を置いて二回の聴解力テストを実施した。それと並行して英語番組の利用状況やLL利用の有無、外国人語学助手について付帯調査をした(51)。その結果、『続基礎英語』をよく利用する中学生は、そうでない中学生に比べて聴解力テストでよい成績を上げることが判明した。また、四ケ月間の間隔で見ると事前テストAと事後テストBで平均点に上昇が見られ、〇・一%レベルで有意差が認められた。ちなみに『続基礎英語』を半年以上継続利用した三年生は全体の一八・八%であった。この継続利用生はテストAの上位群だけで見ると三五・七%をしめ、『続基礎英語』が聴解力の養成に貢献したといえる。一方LLを半年以上利用した者は全体の一〇・九%であった。この研究はNHK放送文化基金から研究助成を受けた。東京学芸大学の羽鳥博愛教授を代表に、LLA関東支部会員八人とNHK語学番組班の西沢国雄チーフプロデューサーで組織し、分析にはビデオリサーチ社の大型電算機を使用した。大型電算機を使って低予算で、どう分析をするかは、私は長年、文研で学校放送利用状況調査の分析を手掛けていたので効率よく結果を出せた。こうした大規模な英語教材の効果調査は、教育番組の効果研究としても、また一学会の調査としても稀だ。

研究目的の設定、実験デザインの設計、テスト用具の洗練など改善点もあったが、その後、ペルーで通信衛星による遠隔中学校の放送教育調査や、ベトナムのテレビ教育番組の大規模調査を短期間で纏めるときに、このLLAでの経験が生きた。

(51) LLA関東支部『リスニング。テスト開発研究会報告書(一九八六年後期放送文化基金助成LLA関東支部研究プロジェクト)』一九八八年十一月。

◆中学校ＬＬの全国調査

同時期の一九八八年に、全国中学校のＬＬの配備状況や利用状況の調査をした。すでに情報処理教室＝電算機教室も普及し始めていた。見上晃先生らＬＬＡ調査部会員で調査票を作り、ビデオリサーチ社の協力でアンケートを発送した。

その調査集計の結果、文型練習は電算機教室で一位だがLL教室では五位であること、自作教材や編集教材の効果の認識率が高いことを明らかにした。この種の調査は一九六六年、七六年、八三年。九三年に小学校から大学まで目標を変えて調査していたので、それらの結果も合わせて経年変化に似たものも報告した。共同執筆者の伊東武彦先生は上教大のＯＢで、調査当時は駒沢女子短期大学の助教授だった。

◆世界のビデオ事情で「日本」を担当

文研在職中にインドのビノド・アグラワル先生の著書『ＳＩＴＥ』を読み、『文研月報』に紹介した。アグラワル先生はウイスコンシン大学で文化人類学を学び、インドでは通信衛星による教育効果の包括的調査ＳＩＴＥで世界的に注目されていた。私は先生と東京で会った。

一九八八年にアグラワル先生は世界各国のビデオの普及状況を調査するユネスコ本部のプロジェクトで、私に「日本の部」を担当するように勧めた。私はＶＴＲの普及状況とソフトの出荷状況、著作権問題を纏めて提出した。それは世界各地の報告と合わせて一冊の本になった(52)。

(52) *VIDEO Worldwide. :an International Study.*（UNESCO）John Libey . 1988.

◆CAI「マリ子伯母さんの秘密」開発

一九九一年に東京工業大学（東工大）の赤堀侃司（あかほり・かんじ）先生からCAI＝電算機支援の教育システム＝の開発に誘われた。この計画は通産省関連団体のソフトウエア工学研究財団＝RISE＝が事務局になり、四年計画でCAIを開発するという。プロトタイプから始まり、独立型、次いでネットワーク接続型を完成し、実地試験して実現を目指すのだった。

理論班、既存のソフト分析班、評価班など二〇人以上の研究者が集まった。プログラミングはゲーム会社が担当した。

私は教材のシナリオ班を担当し、教科は英語、スタッフはLLAで録画教材を作った仲間を集めた。静止画放送のCAIで考えた三線ランダムアクセスを基本型にした。本編と、SF（空想科学小説）、幻想物語の三線を使うストーリーの題名は「マリ子伯母さんの秘密」にした。ストーリーの主人公の健一青年は、記憶喪失した伯母さんの留学生時代の足跡を辿って彼女の記憶喪失の謎を解く、アドベンチャーゲームである（章末に関連コラム）。

CAIを使う学習者の興味をひくため、ロールプレイ型ゲームにした。

研究費は潤沢だったので、SF作家でコンピュータゲームに関心を持つ矢野徹先生や『幻想物語の文法：ギルガメシュからゲド戦記』の著者私市保彦（きさいち・やすひこ）先生を招いて相談した。

静止画放送や松下AVCで初期のCAIを手掛けたので、企画から完成までの工程が見通せた。

◆四コマ漫画のＣＡＩ

赤堀侃司先生との縁はその後も続き、ＲＩＳＥが日本語教育用のＣＡＩを開発するときにも招いてくださった。

ビデオロケは配役や演出に手間がかかるし、背景がすっきりした場所を探すのも大変なので、四コマ漫画を使うことを提案した。川崎市民ミュージアムの濱崎好治学芸員に相談して、米国に縁がある大山哲也氏に会った。大山氏に外国人に通じる漫画を一〇〇点ほど描いてもらった（**図**）。それをＩＣＵ出身の漫画評論家小野耕世氏に見てもらい、パイオニア社で幼児から大人の声が出せる声優、男女四名が録音した。プログラミングはアイネス社が担当した。この四コマ漫画をパソコンの画面用に「田の字型」に配置し、日本語学校二校で外国人学生の反応をみた。四コマの配置は「田の字」の中でどれがいいかをあらかじめ調べた。縦書き型よりも横書き型が支持された。この判明結果は、一九九八年に日本映像学会や二〇〇三年にソウルで開かれた日韓研究会ＫＡＥＩＢで発表した。

4コマ漫画の配列法の例

◆大学授業方法の改善

さらに、赤堀侃司先生と東工大のサイトに「大学授業法改善データベース」を構築した。これは一九九七年に有斐閣から『ケースブック大学授業の技法』として上梓された。大学が増え、学外から教授が起用される一方、学生も旧制大学と違って講義のノート筆記だけではざわついてしまう。そこで大学でも授業方法の改善が要求されるようになった。そこで私は『グループダイナミックス』の考え方で「学生にビデオ番組を作らせる」「ミニリポートなど小作業を課す」を執筆した。

3　ニューヨーク大学再訪・一九九一年

◆市内ロケーション

一九八九年に大阪大学で集中講義をした縁で、同大学の水越敏行教授に、阪大開学五〇周年記念シンポジウムに招かれた。私はそこでレッセージ・モデルを披露した。ＮＹＵのミラード・クレメンツ教授（**写真**）から、非言語通信のレッセージについて質問を受けた。懇親会でクレメンツ教授に私がＮＹＵ留学生だったというと、ＮＹＵに客員として招いてくれた。客員教授は研究室や図書館が利用できるが、渡航費や宿泊費、食費は支給されない。そこで国際交流基金にＣＡＩの

学生と話すクレメンツ教授

「マリ子伯母さんの秘密」の研究用として渡航費を申請した。

一九九〇年秋に妻とNYUに下見に行き、一九九一年一月、五月、七・八月の休みをNYUで過ごした。一月中旬に湾岸戦争が起き、あっという間に解決したが、家々のドアの黄色いリボンと反戦デモ、イラク側の死者数への思いを述べる人などをボストンやNYで見聞した。

「マリ子伯母さんの秘密」用に私自身と研究会員の有志が、ビデオロケをNYとロサンゼルスで実施した。撮影にはNYUのスタッフと機材を使った。NYU図書館には民放のPD経験があるスタッフがいて、法務部が市内ロケに生命保険などをかけた。上教大には通常に勤務していたので慌ただしい滞在であったが、それだけに課題をしっかり把握して米国で調べて、日本で纏め、また、疑問を抱えて訪米するので実りが多かった。訪米中にゲーム作家ウイル・ライトやディズニー関連会社を訪ねた。デ社のPDは「コンピュータはいい夢だ。だが我々はフイルム映画を作り続ける」といって、その時は物語をCGで作ることには興味を示さなかった。NYではバンクストリート大学が、放送と百科事典を組み合わせた新教材「ミミ号の航海」を制作していた。「セサミストリート」では関連商品の生産を大いに展開していた。さらに外交官養成用の「チノメリカ」や「シムシティ」など面白いゲーム作品を見て、それぞれの製作者に会い、私が抱えていた問題＝ゲーマーがコース中の迷子になる問題などに助言をもらった。MITではメディアラボで新しいソフトデモを見た。ネグロポンテ所長は研究員が開発した作品をビデオディスクに収めて世界各地で売り込んでいた。その中には、今なら「ストリートビュー」や、いまでいう「人工知能秘書」のようなものがあった。教育テレビの名門WGB

Hでビデオアートの先駆者フレッド・ベルジェックさんに会って長らく抱えていた制作上の疑問を解いてもらった。

ルディ・ブレッツ先生やジョン・クラドックさんと旧交を温めた。

◆表現関数論クイズの製作

NYUでは数学科のサダフスキー教授の助力で「表現関数論クイズ」を企画制作した。「表現関数論」は発想別教授法の発案者、土屋二彦さんの案である。サダフスキー教授が「窓を開けてください」という意味の英語を「丁寧さの強弱別」「立場の上下別」に数通り表現を変えて録音した。それをパソコン画面の十字型のグラフの裏面に隠した。学習はその発話を聞いて、十字型グラフ上の「ここぞ」と思うところをクリックする。するとその度に正誤を画面に表示した（**図**）。

最後に正解と学習者の得点を示すようにした。実際の制作は、サダフスキー先生の助手が音響効果を

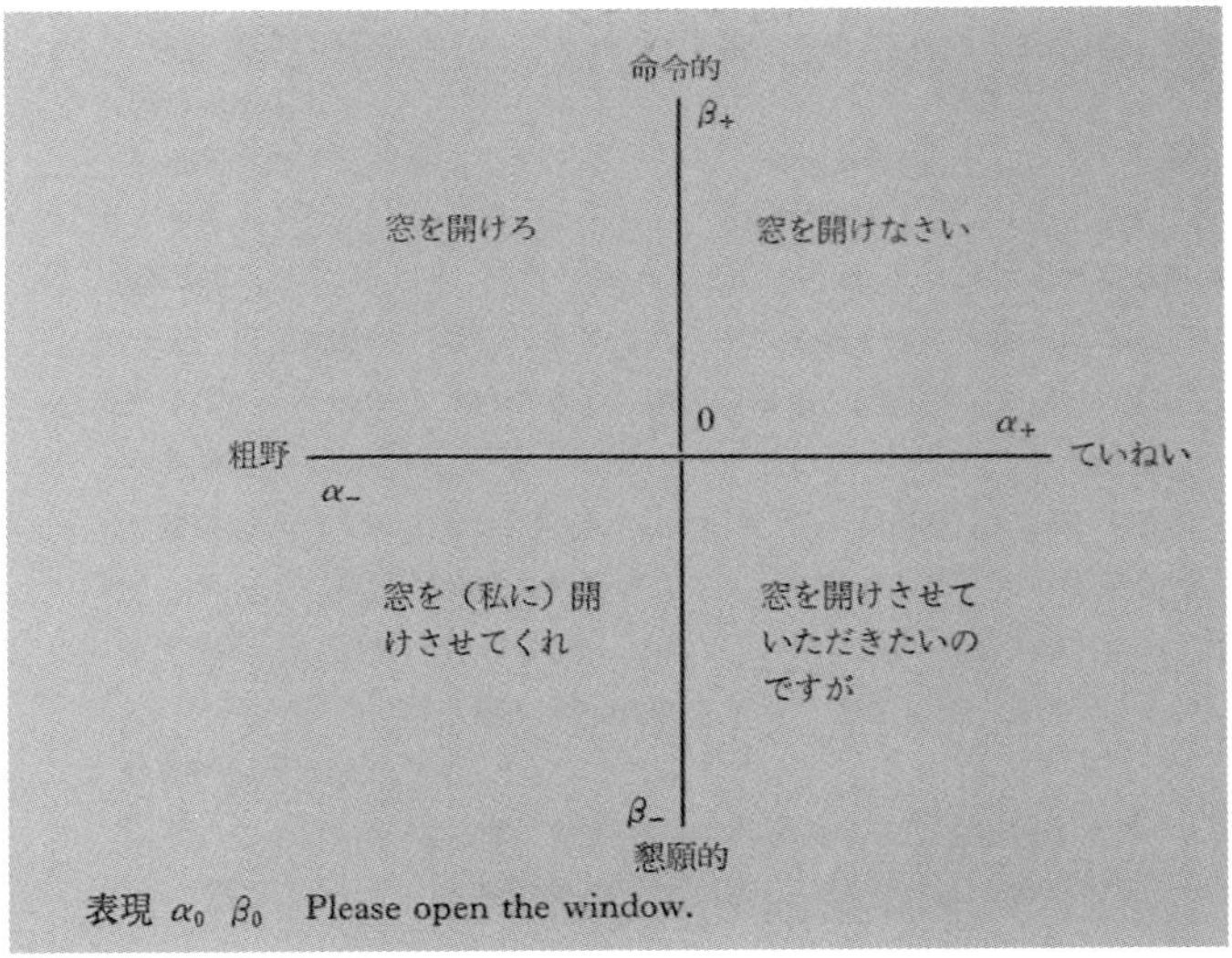

表現関数論の十字型グラフ

つけて作品化してくれた。教授たちとテストすると、うまく動いた。ただ、言語学の教授はオースティンを論拠に批判したが、初級レベルの教材としては日米でコトバの意味や抑揚が違うことがわかる教材ができて私は満足した。日本の国立大学では助手や技官の資格条件と待遇が当時は一致せず、募集してもなかなか人を得られなかったので後方支援を重視する米国がうらやましかった。

4　駒沢女子短期大学・一九九三年

駒沢女子短期大学に一九九三年四月に四年制の大学が設置され、私はその創立メンバーとして就任した。上教大は七年勤め、ほぼ単身生活だった。救急車で入院するような急病もして、やはり東京で家族と暮らしたかった。放送文化研究所で上司だった神山順一さんは駒沢女子短大の教授になり、その神山さんは四年制大学を設置するために文部省と折衝していた。私が国立の教授だったことも招聘の一助になったらしい。駒沢女子大学（以下、駒女）は人文学部だけの単科大学だった。新設なので四年生を送り出すまでは学生数や授業のコマ数も少なく、国立のような会議もなく、ゆとりができた。担当は「基礎ゼミ」、三・四年生のゼミと「コミュニケーション論」と短大の「マスコミ論」で、教職課程が設置されると「視聴覚教育」や「教育実習」を担当した。

最初の二年間は「基礎ゼミ」だけだった。授業は理想の住宅模型をめいめいに作らせた。作品を比較しあうと学生相互でも親睦が生まれる。また大学の敷地の中の森を探検し、近所の小川で泳いでいるカモを学生に写生させ、そのあと図鑑や百科事典、行政当局に取材してリポートを書かせた。やがて学科全体で大学セミナーハウスを利用して、一泊研修会や京王プラザホテル多摩で洋食のマナー教室を開いた。また大学内の和室を利用して襖（ふすま）の開閉や茶道の基本の講習会をした。学年が進むと駒女と後述の日大用に「リポートの書き方」という手引書を作り、引用の仕方や注の入れ方、使用文献の書き方などの体裁を教えた。

私の研究室にはぬいぐるみの大きなクマ（テディベア）をソファに置いた。悩みごとの相談に来た学生は、例外なくクマを膝に置いて話し始める。面倒を起こして興奮してきた学生も自然と落ち着いて口調も易しくなるのだった。

5　日本大学芸術学部・一九九三年

◆博物館に学ぶ

神山順一さんは学部長で多忙なので、駒女と並行して彼の代わりに日本大学芸術学部（日芸）でも非常勤講師をすることになった。さらに同年に日芸は大学院を設置、そこで私は「映像教育」（その英語訳は視聴覚教育だった）も担当した。学部での担当は学芸員用の「視聴覚教育メディア論」だ。それまで他大学での「視聴覚教育」は教職課程や図書館司書、社会教育主事をめざす受講者が混在していた。調べると他大学の「視聴覚教育」の授業内容は様々で、放送教育の専門家が学校放送の説明をするもの、教条的にデールの経験の円錐やモンタージュ理論を講ずるもの、美術史の専門家がスライドで西洋美術の歴史を説明して終わるものなどまちまちであった。数十人も相手に視聴覚教育の実技指導は難しい。それに非常勤講師だと映写機や暗幕などの設備を普通教室に準備し、撤収するのも大変だ。いきおい唯言語主義（視聴覚教育の反対）の授業になる。

◆後方支援の重要性

そこで助手・技官の役割を五種類に分けて月刊『視聴覚教育』に載せた。①機器の操作、②ライブラリアン、③授業の介助者、④学習者の支援、機材の準備と撤収、⑤教材自主製作のスタッフである(53)。日本ではこうしたことをすべて授業者にゆだねる。後方支援は軍事に限らず大切なのだ。極端に言えばＰＤのような「ひと」がいて教師の意図を汲み、必要な機材を揃えて順次提示し、教師は講義に専念するという授業もありうる。すでに明治学院大学の英語授業ではそうしたことが行われていた。問題は助手の処遇で地位、給料、勤務時間に十分な配慮があるかだ。これを解決しないで最近のＧＩＧＡスクールは効果を上げえないであろう。この問題はもっと学会で取り上げ、雑誌で論ずる問題であったが、残念ながら反響は東京情報大学の伊藤敏朗先生だけであまり広がらなかった。

◆学芸員とメディアの関係十六通り

日芸ではビデオ映写の設備はどの教室にもあり、助手がついて機器を操作してくれるので、大いに助かった。受講者が博物館学芸員志望に絞られていたので、私は内外の博物館を訪ねて事例を集めた。同志と『視聴覚教育』に「ミュージアム・メディア探検」と題して一九九六年四月から一九九七年三

(53) 拙稿「視聴覚教育とスタッフ」『視聴覚教育』一九九〇年五月号。

月まで連載し、それを教材にした。さらに学芸員とメディアの関係を集めた。これを一九九八年に日本放送教育協会の図書『教育メディアの原理と方法』の第六章にした。そこでは学芸員とメディアの関係をAからDの四群に大別した。そしてメディアをA群は①アトラクション、②館内案内、B群は③展示の概要説明、③展示物の解説、④展示物そのもの、⑤CAI、⑥シミュレーター、⑦講堂映写、C群はデータベースなど、D群は管理運営などとして、計十六通りの用例を実例中心にあげた。

◆学芸員課程の「視聴覚教育コミュニケーション」

この授業は、どのようであるべきか。この問題を日本視聴覚教育学会で「課題研究」として仲間と取り上げた。そこでは「行政者はハコモノ＝博物館建築は建てても、技術者や、所蔵庫係に専門家を置かないため、学芸員とは雑芸員である」という悩みが聞かれた。

◆視聴覚教育のカリキュラム

国語や算数と違って「視聴覚教育」という教科は、学校教育にはない。ＩＣＵや日芸の映像芸術学（写真・放送を含む）や成城学園初等学校の「映像科」を別にすれば、そのころ、視聴覚教育や映像教育のカリキュラムがはっきりしているところはなかった。「メディア教育（映像教育）」の必要性は叫ばれていたが、その内容ははっきりしない。試行的に提案されている授業は、国語の文法教育のように、映像の分析や意味を固定的に教えようというもので、私は賛成できなかった。

視聴覚教育でもう一つ気になったのは教科書である。ほとんどが「デールの経験の円錐」（図）からはじまるのはいいが、なぜそれが円錐形であるのかを、考えて説いたものは、見当たらなかった(54)。私は授業の初めに円錐を提示し、受講生になぜ円錐形なのかを考えるように指示した。多くは具体的な活動・経験から抽象的なコトバ迄上下に並ぶと答える。それはその通りだが、なぜ先がすぼまるのかは説明できない。

私なりの答えは、下段はその上の段を含むので、直径が大きくなりというものだ。したがって一番下の「直接的経験」は中心に言語象徴を含み、その外側に視覚、さらに映画とちょうど樹木の年輪のようになっているからだ、というものだ。

とにかく考えて言語化することが大切だ。見て「感じる」ことも否定しないが、言語化はコミュニケーションの大切な活動である。日本の国語教育にあまりにもスピーチがないことが、英語教育の上でも足かせになっているように思う。

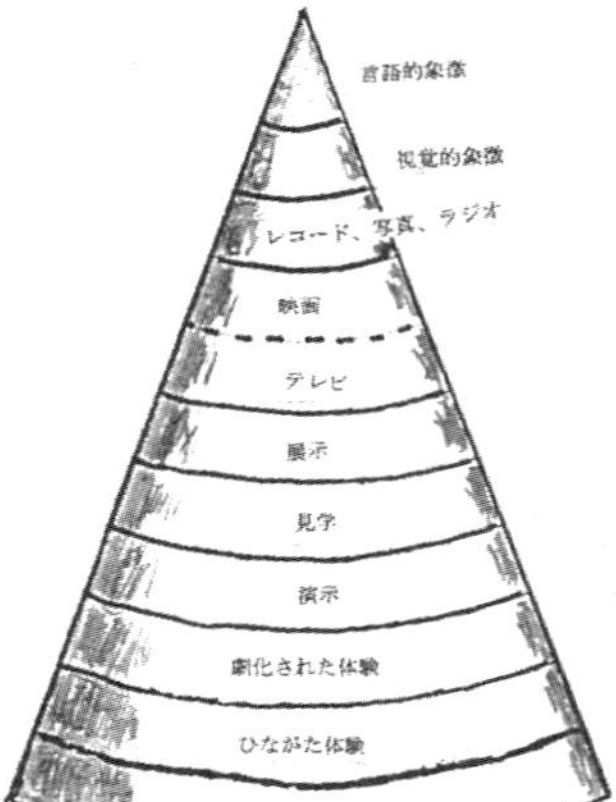

経験の円錐

◆無構造の授業（蜂の巣型カリキュラム）

日芸修士課程の「映像教育」では米国専門誌や『International Encyclopedia of Communication』

(54) ラーニング・ピラミッドを引用（ある意味では、これは間違い）する人はあった。

四冊本を教材にして院生に検討させたかった。だが各院生の背景が違いすぎて無理だった。芸術学部の写真、映画、放送学科出身者と他大学から大学院に来た者、留学生では、興味関心がバラバラなのだ。そこでグループとしてのまとまりをまず生むようにゲームをした。

すでに子供向け英語教材の開発で、入り口が多くある教材を「ハチの巣型カリキュラム」と名付けていた。そこでハイパーメディア「文京文学館」を調べるとシラバスには「系統的なもの」と博物館のように「無構造なもの」があると知った。後者に従って院生の興味と必要に応じ、その都度、教材を選択して提示することにした。

この試みを「『自ら学ぶ力を育てる』授業システム」と題して教育調査研究所の『教育展望』(55)に発表した。

院生には、映像作品を作らせ、日本賞教育番組コンクールで賞を得た海外の優れた番組を見せ、批評させ、討論させた。中国の院生には批評でなくアラスジを書くものが多く、テレビの批判はタブーらしかった。

◆日本映像学会

日本映像学会は一九七四年に日芸を事務局にして創立された。私もいくつかの小研究をそこで発表した。その中では「レッセージ」(56)(前章の『からくり絵箱』参照)や「日本における映像教育の進

(55)『教育展望』教育調査研究所、一九九〇年三月号。
(56)拙稿「『レッセージ・モデル』の提案」『映像学』三巻ニュー四号、一九八九年。

展」[57]（前章「メディア教育」参照）がある。

◆ネオモンタージュ

駒女時代にハイパーカードで教材を作った。英国で入手した三枚（**写真**）の写真が、同時期に相異なる三地点で撮影したと分かった。それぞれ主映像は船舶だが、どれも副映像（背景の一部）に特長がある鉄道橋が写っている。鉄道橋は、それぞれの写真の副映像なので、その副映像同士を結ぶモンタージュ（これをネオ・モンタージュと名付けた）が発生した。右岸から撮影した写真（上）は帆船

帆船

軍艦

荷船の行列

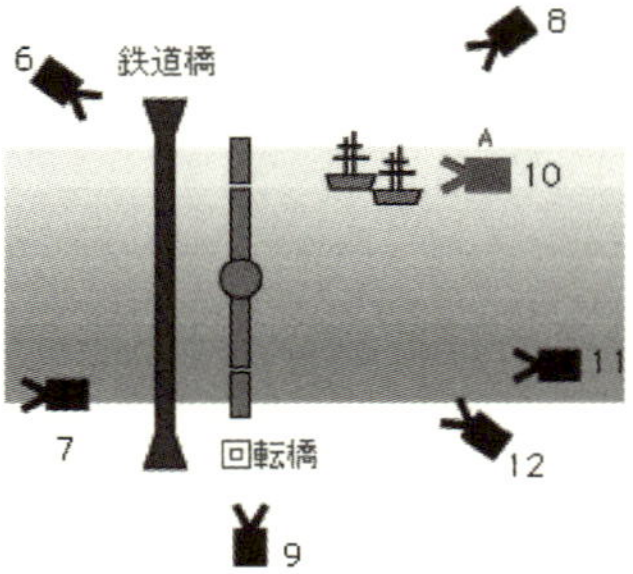

地図（部分）

(57) 拙稿「日本における映像教育の進展」『映像学』四八号、一九九三年。

の背景に鉄道橋や回転橋が見える。左岸から撮影した写真中は手前に軍艦が接岸していて背後に鉄道橋がある。荷船の行列を撮影した写真下は遠景に鉄道橋が見える。私はこの三枚の写真を使い、ゲーム「カメラはどこだ」を作った。そのゲームは三枚の写真と地図をゲーマーに提示する。ゲーマーは、例えば写真上を撮影したと思うカメラの位置を地図上に散在するカメラ位置の候補から選んでクリックする。すると、その度に正解か不正解が表示された。一番下の地図はカメラ10番が1枚目の写真の撮影位置として正解であると、赤い色（図では灰色）に変わって示すようになっている。

◆漢字は画像か

漢字は象形文字といわれる。画像も連続して提示すると、ある意味の世界を伝えられる。

例えば「ライオン」「人々の怖い顔」「投槍」「死んだライオン」を順番に見せると、未開民族でも「狩りの結果」という筋が浮かぶという。

そこで別の小実験をした。漢詩（**写真**）を一文字ごと、または一行ごとに提示方法を変えてスクリーンに映写して日芸の院生に思い浮かぶ絵を描かせた。

全員が三行目から四行目で、ほぼ完全な水墨画風の絵を完成し

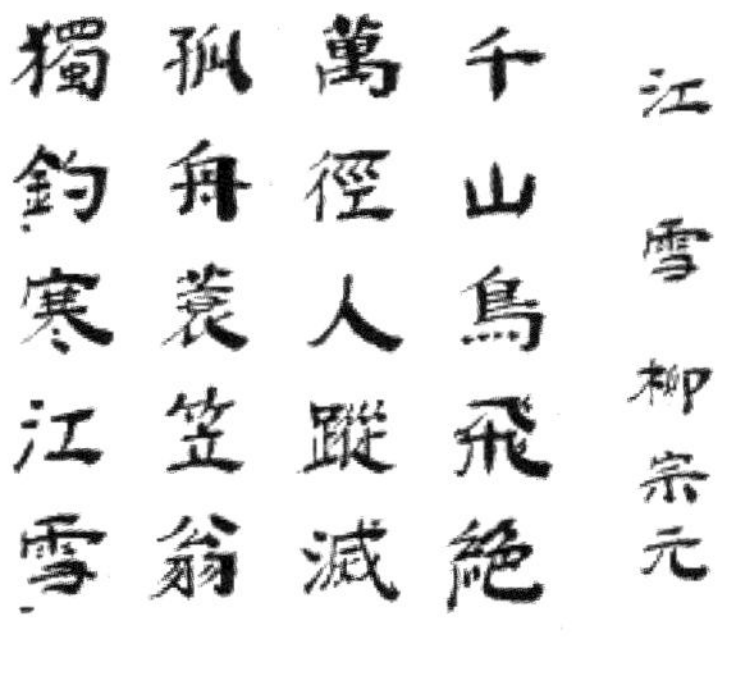
江雪　柳宗元
千山鳥飛絶
萬徑人蹤滅
孤舟蓑笠翁
獨釣寒江雪

「江雪」の漢詩

た。だが、一文字毎に前の文字を消して提示するとかなり難しく、累積的限定が発生しなかった。中国、韓国の留学生は、南米や他のアジア諸国の留学生よりも漢字文化に慣れていて、早めに絵を描いた。だが、こうした古い漢詩は彼らには全く馴染みのない「古典」なのだそうだ。

こうした小研究も、必ず成果を纏めて日本映像学会で発表した。

◆メディア教育用の教材作成

二〇〇〇年ごろビデオ番組を受講生に制作させるとき、標準になる寸劇が必要だと考えた。それは「校庭で二人の学生が会い、AがBにお土産を渡して別れる」という簡単な寸劇だが「見た目ショット」「フレームイン・アウト」「土産物の受けわたし」など演出（カメラ割り）に工夫がいるようにした。これをピアノの「バイエル」のように練習台本と定めた。他大学の映像学の教授たちにも使用させ、その寸劇作品を貰い受けた。他大学の作品を見ると同じ台本でも演出は様々だ。これを日芸の院生に見せて討論し、その考察を教育メディア学会で発表した(58)。

◆その他の活動

以下は駒女と日芸時代の主な活動である。多少、その前後を含む。

(58)「練習用スクリプトでビデオ制作者の養成」『日本教育メディア学会第一〇回論文集』二〇〇三年十一月。

◆放送大学（放送教育開発センター）

放送大学（一九八三年設立）にも関わることがあった。放送大学の「番組」を授業で試用し、その評価を放送大学の制作陣に返す、私自身が放送教育開発センターのビデオ教材に出演することもあった。

初期の放送大学はＮＨＫ教育局からの出向者やＯＢが「番組」制作に従事していた。既存の大学から来た教授は「自分の講義を電波に乗せるだけ」と考え、ディレクターは助手や技官とみなしている。一方、ディレクターは「小さな受像機で見るものだから、それなりの時間配分の工夫や視覚化が必要」と考え、双方の意見が合わないこともあった。今は教授たちもテレビで育った世代のためか、視覚的な講座になっている。

◆少数例の観察実験

一九九八年に学校教育部から新番組「思春期放送局・校則」について中高生の反応を見る研究を委託された。そこで放送教育に関心がある二名の教師とチームを作った。「東京・地方、私立と公立、中高」の五校を選び、四人から六人の生徒に番組を見てもらい、視聴中の反応観察と、視聴後の討論を記録した（プロトコル法）。この方法はビデオリサーチのグループインタビューに倣った反応測定法である。観察者が生徒の反応を速記し、ビデオカメラの撮影記録と合わせて事後に細かく記述し、それを整理した。簡単な方法だが、実際にやってみると生徒の言語表現力や、ビデオの不明瞭さが再現を困難にした。たとえば人は完全な文で話さない。四人を横一列に並べれば顔が小さくなり、二人ずつ二列では後列の発言者の表情が不明になるなどである。また発言はＳＣＡＴ＝四ステップコーディング法(59)＝などで整理すればよかったが、この時は報告書を早く納入する必要があった。また共同調査者の事前打ち合わせ、訓練の期間がなく、調査地点ごとに纏め方がバラバラという反省点があった。

一九九九年に小学生向け英語試作番組について伊東武彦大妻女子大学准教授と同様の調査をした。．バッガレイ(60)の少数の被験者によるテレビの効果を参考にした。

この番組はのちに『エイゴリアン』として定時番組化された。

◆執筆活動

①『学校のためのビデオブック』

一九八一年、次女郁子が小学校高学年になり、いろいろできるようになった。そこでＶＨＳの重いビデオとカメラを郁子に貸し与え「パパと郁子のビデオアルバム」という物語を一九八二年一月から二年間『視聴覚教育』に二二回連載した。単なるハウツーでなく、子供がビデオカメラを無くして困る話で「カメラから目を離すな」という教えを強調したり、無心のカメラが記録した風景から、拾わ

(59) 大谷尚「四ステップコーディング法による質的データ分析手法」名大教育科学・研究科紀要二〇〇七年。
(60) Baggaley, Jon, *Psychology of the TV Image*, Gower Pulishing. Company ltd. England, 1980.

れたカメラがどのような道を通って我が家に届けられたか推理したりする「映像分析」を盛り込んだ。
それが縁で、ぎょうせい社から一九八七年に『学校のためのビデオブック』の執筆依頼があった。カメラの扱い方を中高生や教師に教える内容だった。それで一章に「マスコミ教育」と最終章に「映像と言葉の重要性」を設け、理論にも触れた。また各章の間にコラムを設け、放送現場、学校や幼稚園での映像教育の実例を紹介した。この本は大学でテキストとしても使えた。

②『英語再入門』

大修館書店は一九八六年に田崎清忠先生を中心に一般成人向けに『英語再入門』シリーズを出すことになった。私は第一巻『再入門の手引き』の「メディアの徹底活用：体験者はかく語る」を担当した。当時、メディアといえば放送だった。放送の類書にはその特性を「広範性」「速報性」など抽象的に並べた本があったが、それはやりたくない。また想像で書くのもいやなので放送テキストに寄せられた山のような投書を調べた。電話局で投書者の電話番号を知り、一五〇人前後の利用者に朝から夜まで電話をかけまくった。北海道や九州など長距離もあり、その月の我が家の電話料金は大いに増えた。

利用者の中には引っ越した後も同じラジオ英語会話の先生の講義が聴ける（広範性）とか、団地で音声を明瞭に聞くためにアンテナをベランダに張った（技術論）、テキストは一頁毎にトイレの壁に貼って暗記した（学習法）、会社経営者が従業員全員に朝礼の時にラジオ録音を流し渉外力を養わせた（促進法）など、実践者らしい利用法が集まった。（その事例は、第二章末尾のコラム「須賀友三郎」

参照)。

③事典の項目執筆

一九七五年の『教育工学用語事典』から始まって、『新・教育の事典』『新教育学大事典』『戦後史大事典』『現代学校教育大事典』『民間学事典』、一九九七年の『世相史大事典』までメディアや英会話の項目をいくつか執筆した。最初の『教育工学用語事典』は監修者が海外に転勤して不在となり、全項目を私が校閲した。するといくつかの項目は、歴史や異説の列挙から説き始め、対象物のイメージを与える事に失敗していた。そこで私は事典の項目執筆は、まず主に一般的なイメージを書き、異説や由来を後回しにしてみた。

◆**海外活動**

①一九九四年九月、インドのアグラワル博士(**写真**)がアーメダバード市でムドラ大学院を作るのに、創立メンバーとして招いてくれた。これはまだ院生がいないので、ムドラ大学院と共催ということで国立デザイン大学(NID)や首都の国立教育センター(CEC)と教育工学センター(CEIT)でワークショップをした。

②一九九五年に中国の武漢や北京で、テレビ番組に資料を提供

アグラワル博士

した。
③一九九六年三月日本賞コンクールで知り合った、サンパウロ大学のネオ・ペオビサン教授に招かれ、ＣＡＩの工夫を同大学で講義した。この時、後述の笠戸丸ゆかりのサントスやクリチバを訪ねた。
④一九九六年八月に豪州のシドニーで開かれた第二〇回国際マスコミ学会で「衛星による文化摩擦」を発表し、『放送教育』に掲載した。前述のアグラワル博士の招きによる。
⑤一九九七年に海外教育放送研究会の有志と韓国教育テレビ局を訪問、番組制作について意見を交換した。二〇〇三年のＫＡＩＥＢで四コマ漫画などを発表した。
⑥二〇〇〇年にペルーでアンデス山地の住民に中等教育の全教科を普及させる計画が生まれた。それは、山中に点在する小学校を拠点にして、太陽光の発電装置と通信衛星用の大パラボラアンテナや受信機、ＶＴＲとテレビを備え、教科書とワークブックを生徒に与えて自習させる。小学校教師は、その教室管理にあたるのだ。日本教育メディア学会から有志がその実態調査に向かった。私は二〇〇一年と二〇〇二年、日本の夏休みに参加、効果調査をした。一校の生徒は少数で性別、年齢層もまちまちだった。ポストテストと把持テストに加えて学習意欲調査をして報告書に纏めた。この報告書を教育省に納め、全国調査をすればいいと思った。だがこの頃、フジモリ政権は崩壊して、「遠隔中学校計画」は破綻した。巨大なパラボラアンテナや外国製の機材など設備投資は無駄になった。
⑦二〇〇一年七月ボストンでＩＥＥＥの歴史部門研究会が開かれ、佐藤源貞先生と「レーダー」につ

いて発表した(61)。

⑧同年九月に東京港からコンテナ船「ＭＯＬライン」（六万一四〇総トン）で香港、深圳（シェンチェン）、シンガポールまで体験航海をした。これは海事物を描く参考にした。また、レーダーの働きを見聞できた。航海中にニューヨークなどで起きた九一一事件を知る。シンガポールの図書館では笠戸丸の寄港記録を見つけたほか、戦時中の英軍レーダーの跡地を訪ねた。

⑨二〇〇九年ベトナムの英語教育番組について外国語教育メディア学会＝ＬＥＴ（元のＬＬＡ）で発表した。ベトナムで私は二〇〇八年にＯＤＡ関連の大規模な効果研究の方法と調査技術を現地調査機関に技術移転する試みをした。西貝雅人氏が共同研究者として尽力してくれた。

⑩ＮＨＫ教育局の現役やＯＢにアジアやアフリカで番組制作を指導したものが増えた。そこで彼らの経験を記録して後輩にも分ち合おうと、一九九五年に海外教育放送研究会が生まれた。トップはＮＨＫから世界銀行に二〇年間ほど出向し教育放送プロジェクトを発掘してきた二神重成さん（第1章参照）である(62)。

海外教育放送研究会はほぼ毎月会合し、その成果を『国際協力としての教育放送』一九九七年や『教育放送の国際展開：総括と展望』二〇〇一年として日本放送教育協会から出版した。私は前者には「インド」、後者には「国内や外国での効果研究」を寄稿した。

(61) Sato G. & Shozo Usami. "The Authenticity of the Newman Notebook and Its Reference to the Yagi Antenna" *IEEE Antenna and Propagation Society International Symposium* Vol. 1. July 2001

(62) 二神重成さんについては第一章小学生時代（リッチランド）や大学生時代（ライター）を参照。

6　定年後の活動・二〇一五年

二〇〇五年に駒沢女子大を定年退職した。次に日大芸術学部（院）を八〇歳まで勤めた。以下はその間か、その後の活動である。

①『笠戸丸から見た日本：したたかに生きた船の物語』の執筆

笠戸丸の調査で三回英国のニューキャッスルを訪ねた。そこは笠戸丸の前身の貨客船ポトシ（すぐにカザンと改名）を建造した造船所がある。

その後は偶然に笠戸丸の寄港地ゆかりの国から講演や調査に招かれた。こうして現地を踏み、風景が分かると、執筆意欲がわき、ブラジルの日系人向け「サンパウロ新聞」に二〇〇〇年七月から一年間（計三一回）連載した。

次にそれを持って海文堂出版に行き、二〇〇七年に単行本にした。これは翌年、山縣勝見著作賞を受賞した。

二〇〇一年に神戸の日本ブラジル協会が、メリケン・パークにブラジル移民の出発記念碑を建てることになった。その時に副碑として笠戸丸の絵画を飾る案が出た。その絵画は「陶板画」にするから、屋外で風雨に晒されても色がかわらないという。絵画の資料集め（監修）を山田廸生氏と私がした。そして、絵画自体は船舶画家の野上隼夫氏が精密に仕上げた（**写真**）。

副碑の笠戸丸

②『蟹工船興亡史』

笠戸丸には蟹工船だった時期があり、私はそれを調べて多くの存命の関係者を面接していた。

蟹工船といえば小林多喜二の著作や映画が知られている。そこで戦後まで長く続いた蟹工船の実像を文献資料や面接取材で追い、珍しい大正期の三五ミリや戦後の八ミリ実写映画を発掘した。貴重な手記を託されることもあり、それらを生かして『蟹工船興亡史』を凱風社から二〇一三年に書き下ろした。

同書は日本海運集会所から住田正一賞（海事史）を受賞した。

③『信濃丸の知られざる生涯：明治・大正・昭和』

信濃丸は一九〇五年五月の日本海海戦でロシアのバルチック艦隊をいち早く発見した。この功績で東郷平八郎聯合艦隊司令長官は海戦を優位に進め、ロシア艦隊を壊滅させた。

戦前は誰でも知っていた信濃丸だが、それ以外の史実はほとんど知られていなかった。

しかし蟹工船を書いていると信濃丸は北洋の運搬船やサケマス工船として姿を現した。

そこで蟹工船で縁ができた『缶詰時報』に二〇一六年一月号から二〇一七年三月号まで十四回連載し、それを二〇一八年に海文堂出版から一本に纏めた。同書も住田正一賞を得た。

④『缶詰時報』連載

日本缶詰びん詰レトルト食品協会の月刊誌『缶詰時報』に「琴川渉捕物控」を毎月四頁連載した。これは発明や営業に当たる人の役に立ちそうな先人のエピソード集である。その一部をリライトして本書の第二部にした。

⑤『私説・日本海事小史』

日本海運集会所の月刊誌『ＫＡＩＵＮ』に二〇一九年四月から一年間「私説・日本海運小史」を連載した。これは丸木舟から蒸気船までを描いた。縦書きにリライトして年表、索引をつけ二〇二〇年に私家本にした。

⑥「船舶は災害救援に大いに貢献する：古今のその事例から」

二〇二四年一月一日に能登地方を地震と津波が襲い、大きな被害をもたらした。陸上からの救援活動もあったが能登半島は地形から陸路が限られていて救援活動が行き届かない。そこで海上保安庁や自衛隊の艦船と民間船舶が救援物資の輸送や、電力の供給などで活動した。私は東日本大震災の後で『海と安全』二〇一四年春号に「災害時における船舶の有用性と活用策」を書いていたので、病気療養中だったがメール取材で『世界の艦船』二〇二四年五月号に能登で活躍した艦船の状況を表題のように纏めた。新聞や雑誌では能登も東日本大震災も、艦船の活動はほとんど報道されていない。

⑦紀要原稿

学会活動は八〇歳で退いたが、その後ニーズや追加情報があって、ウェルネススポーツ大学の紀要に二〇二一年から三本投稿した。

一本目は視聴覚教育や放送教育を戦後に発展させた西本三十二、波多野完治両先生のことを記録する目的で始めた。戦前の映画教育から戦後の成城学園初等学校の映像科に触れた(63)。波多野先生は文章心理学や児童文化の研究者で、視聴覚教育の理論面を早くから深めておられた。視聴覚教育を単

(63) 拙稿「人間は何を考えてきたか。私説・視聴覚教育史」『教育研究フォーラム』十一号、二〇二二年三月号。

に具体的なものを見せて理解させるだけでなく、それを言語領域まで高めることだと述べられていた。
私はデールの「経験の円錐」についてなぜ、上がすぼまっているのかお考えを波多野先生に質問したことがある。（それは二人で道を歩きながらの何気ない会話だった）。先生は「そうだね、円錐でなくても、茶筒のような円柱状でもいいかもしれない」と軽く答えられた。

二本目は、戦時中に日本軍が開発したレーダーに影響を与えた「ニューマン文書」について書いた[64]。これは、すでに一九九七年発行の八木和子氏の編著があり[65]、私もその一部を担っていた。だが依然として謎が残っていた。二〇二二年に再調査すると、その二五年間に非公開だった書類が公開扱いになり、謎がすっきりと解けた。そこで私は、その顛末の記録を残した。

三本目は手動計算機からチャットＡＩまで、自分が見聞した電算機の発達を叙述した[66]。

◆ＮＨＫとの縁

①放送文化研究所との縁は、毎年、研究所が開く研究発表会に聴衆として参加、現役の研究者と意見を交わすこともあった。聴講の目的は大学院での授業を新鮮にするための情報収集である。同様の目的で日本賞教育テレビ番組コンクールにも聴衆として参加した。

②二〇二一年度の連続テレビ小説「カムカムエヴリバディ」では関連する英語テキストの監修をした。

(64) 拙稿「『ニューマン文書』の信憑性を追って」『教育研究フォーラム』十二号、二〇二三年三月号。
(65) 八木和子（編著）『「ニューマン文書」と「ニューマンノート」の謎：第二次世界大戦秘話』私家本、一九九七年。
(66) 拙稿「私説メディア発達史」『教育研究フォーラム』十三号、二〇二四年三月号。

また番組に関連したクイズ番組の考証をした。戦前の中学生の筆記用具などは、九六歳の兄の生徒日記が役に立った。いずれも第二章に記した『英語教育番組略史』が縁である。

③二〇二四年春に、原爆の父オッペンハイマー博士の伝記映画がアカデミー賞七部門で受賞した。また、彼の孫のチャールズが核の平和利用を訴えて来日した。すると私が一九六〇年に同博士を録音取材（いわゆるぶら下がり取材）したところを撮影したNHKニュースのフィルムがあることが報道局の目を引き、自宅でその時の取材の状況についてインタビューされた。それはNHKのインターネット版で流れ、さらに一九六四年にアメリカを訪れた被爆者に対して博士が涙を流して謝ったというニュースが六月二〇日に放送された時に、私の「ぶら下がり取材」の場面が使われた。

コラム　「深層の記憶」

一九九八年七月七日の私の誕生日六四歳の朝、母節子が長崎の姉のもとで永眠した（九四歳）。その前の一九九一年、私がNYUにゆくとき、母が若い時に父や兄と暮らしたニューヨーク郊外のベイサイドの家を見てきてくれと頼んだ。母の手書きのメモと略図はベイサイドの駅を基点にした斜め上の一点である。方位も距離も何の目印も書いてないから座標でいえば「XプラスでYプラス」か「XマイナスでYマイナス」の二つの地域の可能性があり、どちらも整然とした碁盤目の住宅街だった。

昔、母のアルバムで見た大きな破風がある二階建てでポーチ付きの住宅の写真の記憶が手掛かりで、日曜日になるとベイサイドに出かけてはその家を探した。友人が車を出してくれたこともあったが、ゆっくり走っても見逃すし、縦の通りだけでは横の通りを見落とす。そしていくら何でも友人の世話になり続けるわけにはいかない。

米国の日曜日の街は静かで人もいない。夏の陽は容赦なく照り付けてくる。水を飲むとトイレも大問題だった。店舗も休みで飛び込んだ教会は韓国系教会で牧師キム先生のところであった。キム牧師は私と同年配で母の日本語のメモを見て、途中から日本語で会話した。

教会の長老に聞いても結論は出ない。なにせ七〇年も前のことだ。だが翌週、独力でついに写真と同一の家を見つけ、撮影して母に送った。「間違いなくこの家です」と父が石炭を地下室に投入したドアや、自動車で痛めた柵など細かい点を指摘してくれた。CAI「マリ子伯母さんの秘密」は記憶喪失した伯母さんの留学先の写真を手掛かりに、それらの撮影地点を確認しに青年が旅をする物語で、私も著者の一人だったが、まさか、実地で似た体験をしようとは思わなかった。

キム牧師に報告すると我がことのように喜んでくれた。

彼の母親は北朝鮮にいて高齢だった。キム牧師は「日本の軍歌が聞きたい」という。軍歌のCDを送ってあげると、「子供の頃の思い出、優しかった日本人の先生のことなど忘れていた昔を留めどもなく思い出した」と書いてきた。

第二部

八戸漁港の私

1　喜びのチアーパック

◆ポーチにあらず

二〇一八年にボンカレーを調べていて、それが世界でもごく初期のレトルト・パウチ商品と知った。レトルトの語源も蒸留器の部品と判った。だが「パウチ」とはなんだろう。パウチとは英語で「袋」だ。カンガルーのお腹の袋や、兵士がベルトに付ける弾薬入れもパウチで（pouch）と綴る。この綴りのために日本ではポーチと呼ぶ人がいる。『現代用語の基礎知識（二〇一八年）』で「ポーチ」を引くと「婦人用小物入れ、英語発音はパウチ」と正しく書いてある。別の綴りでポーチ（porch）だと西洋館の玄関で屋根付き縁側のような部分だ。

私は軽井沢で開かれたある会で、休憩時間に山小屋風のポーチに座っていた。真夏というのに爽やかな風、目に染み入るような青葉が目を休ませてくれる。すると参加者の一人が「いいポーチですね」と声を掛けてくれた。私は自分のベルトに付けた小物入れを思いつかず、一瞬、山小屋のポーチかと誤解してしまった。

中世の欧州での戦争で将軍は兵士に、いいものを食べさせたい。長途の行軍や激戦が兵士にカロリーを要求するだけではない。その当時の戦争は傭兵頼みでおこなわれ、食物が悪いと、傭兵が敵側に回る恐れがあった。そこでナポレオンの時代に保存がきく瓶詰が生まれた。しかし、ガラス瓶は重く壊れやすい。

やがて缶詰の発明で瓶詰を運ぶ補給部隊の負担は減った。

缶詰は蓋を開けるのに缶切りがいる。そして空き缶は補給部隊に戻さないと、敵軍に兵力や動きを知られた。そこで戦闘部隊では、空き缶を潰して平らにして地面に埋めるのだが、労力がいる面倒な仕事だった。

◆チアーパック

私の手元にあるスパウト付きパウチのチアーパックは高さ九センチ、幅八センチ、底の奥行き三センチの柔らかなプラスチック袋である。中に流動食品が入っている。口栓はプラスチック製で二センチほど袋の上にある（**写真1**）。口栓の下は商品によりストローになっていて袋の中にある。口栓をこじ開けて中身を絞り出し、少し食べたら後、また栓ができるので持ち歩ける。いったん飲み口を開けると、水平に保ち続ける必要がある缶ジュースより便利だ。

寝ている病人に湯茶を飲ませるには「吸い飲み器」が使われるが、これは結構、使いづらい。だがスパウト付きパウチ（商品名・チアーパック）ならパウチを手で絞れば中身が噴出する。噛めない人、飲み込めない人でもゼリー状の内容をスプーンなしで摂れる。飲み終わればパウチはペタンコになるので、ゴミの分量が減

写真1　チアーパック

る。ちなみにスパウトとは「噴出」で、クジラの潮吹きなどをいう。スパウト付きパウチは、てっきり外国の発明と誤解していたが、実は細川洋行がチァーパックと名付けて一九八六年に商品化し、それが世界に広がった。

◆チァフルのチァー

チアーパックを開発した市川徹（いちかわ・とおる）氏を二〇一八年秋、東京千代田区の日本テレビそばの細川洋行にお訪ねした。

市川氏は、今や常務・営業本部長、海外出張で東奔西走とご多忙の身だったが、終始おだやかに開発の経緯を説明してくださった。

沖縄の施政権が返還された一九七二年、市川氏は、明治大学農学部をでて軟包装材の加工メーカーの細川洋行に入社した。時に二二歳、はじめ五年間は営業を担当した。だが成績が上がらない。

創業者の細川武夫社長（当時六四歳）が臨席する三〇人ほどの会議で一番末席の市川氏は「細川洋行自体を知らない人が多いから他社と同じ商品を売っても買ってくれない」と発言した。

ふだん厳格な社長は、この時は咎めず、市川氏を開発担当に任命した。

おりしも円高が激しく進み、輸出関連の中小企業が苦しんだ一九七七年である。

市川氏はただ一人、新製品開発に没頭した。

学生時代から植物に興味があったので「包装の哲学」を自然界に求めた。オレンジは皮のなかに複数の子房（ポーション）がある。

バナナは縦に割ける繊維でできた皮で開けやすい。それで果実を守っている。金属キャップのガラス瓶や、大きな紙箱入りミルクは、重たく直接、飲むことができない。

小箱入りミルクで箱の側面にストローを仮止めしてあるものは、ストローを剥がして蓋に穴を開ける手間がかかる。

もし、桃くらいの大きさのパウチの内側にストローを置き、それに飲み口を付けたら軽く飲みやすい容器になる。使用後のパウチは、平らに潰れて嵩（かさ）が減る。以上を市川氏は植物以外にも具体的な先行商品名で説明されたが、紙幅の関係で他の例に置き換えた。文責は私にある。

◆苦節九年

だが、チアーパックの実現までには更に五年の年月がかかった。柔らかなパウチに硬いプラスチックの飲み口を付けると口栓の周囲から飲み物が漏れる、細いストローを通して飲み物を充填するので時間が掛かる。

瓶は毎分何百本も充填できるが、チアーパックは特別な充填機を使っても当初毎分二五本だった。

細川洋行は小人数の会社なので、開発から試作、市場開拓まで一貫して市川氏が手掛けた。

氏が最初に充填機の試作を頼んだのは豊島区の油絵具や醤油の特殊充填機メーカー、根岸製作所である。一九八二年、液漏れの欠点を克服、充填速度も四〇本に向上した新しい包装材チアーパックが生まれた。これはいわば缶詰でいえばブリキの空缶（くうかん）ができたわけで食品会社がこれを買い、飲食物を詰めてくれないと商品にならない。

それから三年間、どの食品会社も採用してくれなかった。

市川氏は、チァーパックが採用されない悩みを充填機メーカーの根岸孝蔵社長（当時六二歳）に漏らした。すると根岸氏は「市川さん」と次のように述べた。

「缶詰の歴史は僅か数百年、ガラス瓶もせいぜい数千年です。チアーパックの原点は大昔の人類が動物の皮に水を入れ、角で蓋をしたところからでしょう。毛皮と角がプラスチックになっても必要な時、膨らみ、飲み終われば平らになる容器の案は一万年の歴史です。何時かチアーパックが代表的容器になる時代がきっと来ますよ」

最高のチアーアップ（激励）だった。

開発開始から九年目の一九八六年、ついに日本ペプシコーラがチアーパックを健康飲料に採用してくれた。たまたま訪日した米国本社の役員が市川氏の説明を見て帰国、強く採用を東京に推薦したからだった。チアーパックはイタリア、英国と海外にも広まってゆく。

市川氏は九年後の一九九五年にチアーパックについて日本初のデュポン・ダイヤモンド最高賞を受賞した（**写真2**）。

写真2　市川徹氏と賞碑。
細川洋行

さらに二〇一四年に米国で「包装の殿堂」入りを果たした。
二〇一八年現在、チアーパックは日本で四億個、世界では三五億個が売られている。

2　キャラメルからミルクまで

◆**森永太一郎**

森永製菓や森永乳業の創始者、森永太一郎は一八六五年に佐賀県伊万里に生れた。父は伊万里焼問屋だったが太一郎が六歳の時に亡くなり、彼は親類の家に引き取られた。十二歳の時、伯父から「よい品物を誠実に売ることと、お金の大切さ」を教わった。元手の五〇銭を貰った太一郎は野菜の行商をして二〇円を稼ぎ、商売のコツを覚えた。

彼は読み書きができず、塾の師匠が兼営する書店に奉公して文字を習った。十九歳で横浜の陶器輸出商に勤め、二一歳で結婚、不景気でいったん伊万里に戻るが、ここでも仕事がなかった。夫婦で割れた陶器を修理して稼ぎつつ、徒歩で岐阜までくると妻が発病した。親切な農夫が夫妻を泊め、翌朝、自分の昼食用の握り飯とわらじ代をくれた。

この親切にいつか報いたいと農夫の住所氏名を手帳に記して、先を急いだ夫妻だったが、静岡で空腹に耐えきれず畑の野菜を盗み食いした。現場を去って箱根に着くと手帳をその畑に落としたと気付く。後年、事業に成功した太一郎は、思い出の静岡の地に酪農場を開いて、せめてもの恩返しをした。

◆狭き門

帰り着いた横浜の陶器問屋は倒産した。主人の借金を返そうと一八八八年、彼は単身サンフランシスコに渡り、有田焼を売った。商売は成功せず、売上金を日本に送ると、教会に無料宿泊して雑役をこなした。

公園で失意の身を休ませていると、老婦人がキャンデーを分けてくれた。その美味しさが忘れられず、日本で洋菓子製造の志を抱いた。

だが米国は人種差別が激しく、菓子会社は日本人に門を閉ざしていた。

ハウスボーイを勤めていたクリスチャン夫妻の感化で彼は受洗、一八九〇年、一時帰国して佐賀で伝道を試みたが、伯父からは絶縁された。再渡米して三一歳の時、オークランドの菓子会社でやっと掃除係になる。あらゆる雑用を骨惜しみせず引き受ける彼の姿が、職長の目に留まった。こうして各部門の専門職人から本格的な菓子の製造法を習った。ついに製法の秘訣まで伝授された。

◆天使がMTを引き上げ

一八九九年に帰国。森永西洋菓子製造所を東京赤坂で開業した。はじめは「天使の食べ物」といわれたマシュマロを製造し、やがて缶入りミルクキャラメルを作り、自ら荷車を曳いて売り歩いた。

赤坂には米国大使館があり、大使夫人が森永の英語の看板に注目して菓子を購入した。それが外交官の間で広まって大評判となる。さらに太一郎は、ミルクキャラメルを博覧会などのイベント用に自由に持ち運べる一〇粒の紙函入りにした。これが好評で大いに売れた。神の恵みと感謝した森永太一郎は自分の姓名の頭文字のMとTを天使が引き上げているマークを考えた。一九一四年、第一次世界大戦が始まった年である。

温かく人目を惹く黄色い小箱、キャラメルを連想せる茶色の四角に天使のマークと「滋養豊富」「風味絶佳」と古風なうたい文句のあの箱は、こうして生まれた（**写真3**）。

彼の会社は成長を続け、牛乳やアイスクリームを扱う。そうした製品にも天使マークがついた（**写真4**）。写真はどちらも森永乳業の提供だ。

写真3　キャラメルの箱

写真4　牛乳瓶

やがて多忙さから教会から離れる時期が続くようになる。太一郎は一九三〇年に二人目の妻を亡くし、そこで「すべての人に尽くそう」と決心、渋谷に集会所を建て、傍の小宅に住んだ。それから一九三五年末から翌年四月までハワイ全島で講演、一九三七年一月に七一歳で病没した。

◆牛乳瓶の誕生

次頁の**図1**は一八六〇年代の英国の牛乳売り娘で、棒の先に二個の蓋なし桶を吊るしている(1)。

(1) 山本孝造『びんの話』日本能率協会、一九九〇年。

図1　英国の牛乳売り。『びんの話』

これでは不潔だ。

明治時代の東京でも牛乳が売られたころはこれと似た状況だった。牛乳配達はＭＩＬＫと白く染め抜いた青い半纏を着て、牛乳を満たしたビール瓶を六本入れた木箱を二個、天秤棒の前後に吊るした。

さらに一合（一・八リットル）の枡と漏斗（じょうご）を持ち、お得意様を毎日訪ねる。お得意様は鍋を用意し必要量の牛乳を買った。その牛乳はあまり衛生的でなく、時に牛糞が浮いていた。またコメの研ぎ汁で水増しされ、サルチル防腐剤が混ぜられていた。

作家の森鴎外は医学者だった。一八九二年に論文で、牛乳一リットル当たり乾燥量で平均四ミリグラム強の牛糞が見つかったと発表した。この論文は行政当局の注意を引き、翌年、名古屋で牛乳容器に鉛や銅を含まないガラス瓶を使う規則を生んだ。一九〇六年以降、牛乳瓶は回収後、殺菌して生乳を充填するように変わった。

◆長期保存できる牛乳

大正時代、私の両親は乳幼児だった兄を連れて汽船で日米を往復した。当時の太平洋横断は十四日かかる。父の遺品にウォーカー・ゴードン社の案内書があった。そこには船客に牛乳を函詰めし出発港に届けるとあり、さらに船旅を含めて三五日間もその函入り牛乳を乳児に与えた客の実績が記されていた（**写真5**）。

私は牛乳の長期保存に興味を持ち、二〇一六年二月に日本乳業協会を取材した。結局、加熱方法に工夫があったらしいと聞いた。ウォーカー・ゴードン社は米国で乳業に長い歴史がある。牛乳の衛生管理は念入りらしい(2)。

写真5　ウォーカーゴードン社の牛乳箱

(2) 同社は現在も米国で健在。牛乳箱は好事家の収集品だそうだ。

3 血筋

ここから五つの章は自分史や他叙伝を書く上でのメモである。実際に私自身がどこまでこのメモに忠実だったか。忸怩（じくじ）たるものがある。それはさておき、自分史を書き始めると、忘れていた記憶がよみがえる。その効果はおどろくほどだ。

自分史を書く

私は知人の娘の結婚披露宴で使う「他叙伝」のスライドつくりを請け負ったり、手伝ったりし、そうした話をメモに書き留めてきた。中には「小説よりも奇」な話もある。だが、そのままでは、背景説明をする必要があり、また、個人の名誉に関わることもある。

そこで以下は、すべて「書き手が事実に基づいて再構成した架空の物語」として紹介する。自分史にしろ、他叙伝にしろ、次の三点は、どうも大切らしい。

①思い込みを捨てる、②人に会う、③現地を踏む

◆思い込みを捨てる

ある日、私は、学生たちと喫茶店でワールドシリーズの野球場を話題にしていた。すると中島君と

いう学生が「球場のグランドを均すローラーを英語で何といいますか」と質問した。すると高田君が、すかさず「あれはコンダーラーさ」と答えた。聞いたことがない英語なので「何にでていた?」と私。高田君は「星飛雄馬のテレビで歌が流れるでしょう。『重いコンダーラー、男の道をー』って」。

それは『巨人の星』の主題歌「行け行け飛雄馬」の出だし「思い込んだら試練の道を」だった。どうやら高田君の先輩が冗談で話したらしい。以来、高田君は思い込みを改めた。

◆人に会う。「血筋」という手がかり

一九八〇年に私は、英語番組の歴史を書いていて故本多平八郎という大阪外語（後に大学）の教師の小伝を書く必要ができた。本多氏の同窓生を探して、ついに司馬遼太郎さんにゆきあたった。何しろ多忙な作家である。おそるおそる電話をすると、司馬さんは気さくに「よーく知っています。三点お話しましょう」と次のように話された。

「**容貌** 百科事典で本多平八郎を引きなさい。徳川四天王の本多平八郎という侍の挿絵があります（**図2**）。本多家の長男は代々『平八郎』を襲名、本多先生は直系の子孫、顔付きはその絵そっくりです。次に**略歴** 若い時、新聞配達で苦学して中学校を出てなくても、大検という、それに合格すれば大学に入れる試験をパスして、ついに母校の教授になりました。業績は万

図2 本多平八郎
『新世紀大事典・学研』

葉集の英訳です。最後に**逸話**正義感が強い人で、ある宴会の後でタクシーを呼んだら、さる陸軍将校がそれを暴力的に横取りして乗り込んでしまいました。本多さんは大いに怒って、その将校を力づくで引っ張り出し、そのタクシーに乗って帰宅されました」。

容貌・略歴・逸話。なるほど、この三点を抑えれば、その人物の素描はできる。

後日、お礼に奈良県下のお宅に伺うと、司馬さんは「そういえば本多先生のご長男が、近くに住んでいます」といって電話機を取り上げようとされる。

私は恐縮して「ご長男とは前に電話しました。ですが『親父のことは何も知らん』といわれました。だからお会いしても無駄でしょう」といった。司馬さんは「それは会うべきです。たとえ親について興味がない子供でも、血筋は争えません。必ずその仕草、口調から、得るものがあるはずです」と、メガネを光らせて、きっぱりいわれた。

◆蟹工船創始者の取材で

それから二〇年後、私は大正期の蟹工船の創業者、和嶋貞二の生涯（一八七五～一九二五年）を書く必要が起きた。これは『蟹工船興亡史』になって世に出た(3)。

しかし、生前の和嶋貞二自身については身長一八〇センチ、八〇キロという明治・大正時代としては大柄だったという以外に情報がなかった。五〇年以上も前のことで、彼を知る人もいない。

その時、私は家系を辿って和嶋貞二の孫、和嶋司さん（一九三七～二〇一二年）に会うことができ

(3) 拙著『蟹工船興亡史』凱風社、二〇一三年、三七頁。

た。司さんは、すでに故人の祖父＝貞二には会っていない。面会してみると、大柄で、戦時中の少年時代に疎開先の子供と相撲を取っても負けたことがなかったと話された。

青年時代の司さんは氷店の配達係りで、四キロの氷を左右の手と背中にそれぞれ二個、合計二四キロを担いで、あちこちの飲食店に届けた。だから、がっちりした体躯である。荒海で蟹工船を指揮した祖父の貞二も、筋骨たくましい男性だったと想像できた。

「瓜の蔓にナスビはならない」という。私は司馬さんの「血筋」という言葉に実感を持つことができた。

◆現地を踏む

吉永小百合さんが、一九九七年にテレビ界初の三時間ドラマ『海は甦える』で山本権兵衛の妻の役をすることになった。ちなみに『海は甦える』の原作は江藤淳で、長編の歴史小説である。

山本権兵衛は日露戦争（一九〇四〜一九〇五年）の時の海軍大臣、後に首相になる傑物だ。その妻は元遊郭の女だったが、兵学寮生徒だった山本に強引に身請けされて結婚したのだ。

そもそもは新潟県の農家の娘だったが、実家が信濃川の氾濫で田畑を流され、苦界に身を沈めることになった。

吉永さんのその役柄でのセリフは「大雨が降ると信濃川の堤防が切れて田んぼが流れてしまって……」という短い身の上話で始まるのだが、口にすると言葉が浮き上がって監督からＯＫがでない。

吉永さんは休みをもらい新潟に向かった。堤防上に佇んで、ひたすら流れる信濃川を眺めた。信濃川は日本屈指の大河だ。

場所により川幅は三百メートル以上、ゆったりと流れる。堤防は堅固にできているが、この蛇行する川が大雨で、ドカッと水量を殖やせば、堤防は無事ではなかっただろう。振り返れば低地一面に広がる田んぼ、堤が切れれば、濁流は果てしなく押し広がるだろう。

撮影現場に戻って、吉永さんは、その景色を思い浮かべつつ、セリフを胸の奥からこみ上げるように語った。すぐOKが出た。

田が刈られ　しずかなる帯　信濃川　（森澄雄）

◆まとめ

自分史や他叙伝を書くとき、実は先入観で間違えていたということがある。人名の誤記、同姓同名人の混同などは、特に気を付けたい。

俳句は、文章にうまく当て嵌ると姿がいいが、季語に注意。

「小春日和」は、冬の季語（陰暦の一〇～一二月）、「五月雨（さみだれ）」が夏、「七夕」は秋の季語だ。現代人は勘違いすることもある。

「歳時記」の活用をお勧めする。

4　自分史は謙虚に

◆庶民の記録の効用

一九八一年に、映画『青春の門』に金山朱烈の役で出演した渡瀬恒彦さんも、先日、鬼籍に入られた。筑豊の炭鉱も廃山が続き『青春の門』を今後、撮り直すとしても「ヤマのしきたり」や生活感覚を伝えてくれる人は、いなくなった。

都塵を離れた山中に大学セミナーハウスがあり、夏休みに数人の学生がまとまった映画を作ることになった。それも時代劇で駕籠かき二人が「エイホウ、エイホウ」と掛け声よろしく登場し、杉並木のかなたの坂道を登ってゆく。教室ではこのシーンは撮れないからな、と、見ていると、そのままガードレールのあるところもかまわず登ってゆく。そして、うまいでしょうと休息するシーンも撮り続けるので、私はびっくりした。

「エッ、先生、昔、ガードレールなかった？　危ないじゃん！」

時代考証は大切だ。そのとき庶民の生活を記録した自分史が結構、役に立つ、と考えていたら、山本作兵衛氏（一八九二〜一九八四年）の『画文集炭鉱（ヤマ）に生きる』を思い出した(4)。山本氏は福岡県田川で生まれ、七歳から炭鉱で働き、ヤマの内外の生活を一〇〇〇点もの絵に説明文を付けた画文集にした。それが二〇一一年に世界記憶遺産になった。

(4) 山本作兵衛『画文集炭鉱に生きる』講談社、一九六七年。改定版あり。

図3　風呂場『画文集：炭鉱に生きる』

大きな風呂場の絵（**図3**）では、説明文につぎのようにある。

「炭鉱の蒸気ポンプで上げる水は、機械油が混じり、カナケ（金気）が強い。売店では手拭いが五銭、三銭の石鹸は石灰とソーダーの塊だから目に入ると痛い、その手拭いと石鹸を湯の中で使う。尻もぬらさず飛び込んでくるので浴槽の湯が藍甕（あいがめ）のようだ」

浴槽の傍の女性の（水色の）腰巻は前が短く後ろが長めだ。どれも小さな事柄だが、それが正確に記録されていて、映像作品を作る時に貴重な考証史料になる。

別の絵には腹ばいで掘り進む狭い坑道で男性が褌一つで石炭を掘り、後ろで女性が石炭を運び出す様子が描かれている（**図4**）。男性（先山）は両腕に彫り物、女性（後山）は上半身丸出しだ。

山本作兵衛氏は、有名になってからも、質素な暮らしは少しも変わらず、一枚の絵も金に換えなかった。他人をねたんだり、そしったり、生涯、得意になって威張ったりしなかった。ほめられると、いつもこういった。「絵なんてもんじゃありません。無学で絵好きの馬鹿もんでございます」。

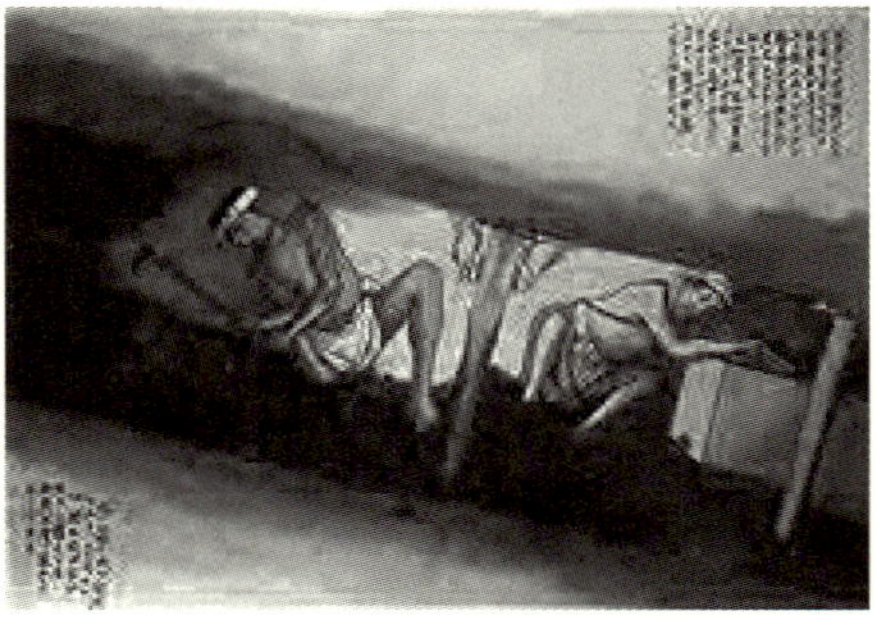

図4　坑道で働く男女『画文集：炭鉱に生きる』

◆飾り窓で開いた花

♪この広い野原いっぱい咲く花を一つ残らずあなたにあげる♪

多芸多才といえば小薗江圭子（おそのえ・けいこ）さんだ。作詞家、詩人、手芸家、企画者、そして画家。私が彼女に出会ったのは、テレビスタジオのグランドピアノの下でお互いにまだ大学生だった。

小薗江さんは作画、私はシナリオ担当で放送に立ち合っていた。一九五八年ごろのテレビ現場はまだ生放送で何が起きるかわからない。出演者以外は、隠れないと写り込む。手慣れたスタッフは、さっとセットの蔭に隠れるが、初めての私は近くのグランドピアノの下に潜り込んだら、先客が小薗江さんだった。初対面の若い女性と狭いところで、しゃがみこみ、肩が触れそうで緊張する。すると小薗江さんは、あいさつ代わりに月光荘の小さなスケッチブックをくれて私の気持ちをほぐしてくれた。

以下は、小薗江さんが、どうしてテレビで働くようになったかという「他叙伝」である。

月光荘は銀座五丁目にあり、大正期からしゃれた画材店として評判だった。ある日、小薗江さんが、月光荘の店主とおしゃべりしていると、品のいい五十代の紳士が入ってきて、小薗江さんのハンドバッグに目を留め「お嬢さん、失礼ですが、それ、あなたのお手製ですか」と尋ねた。

そのバッグは子猫の縫いぐるみで、背中をファスナーで開閉できた。「そうですか、デザインがとてもいい」と紳士。ややあって「その子猫、譲っていただけませんか。お代はちゃんと払います」と言いだした。「さっき生まれたばかりなので」と、いったん小薗江さんはお断りした。

紳士は「お気持ちが変わったら作品を、いくつでも月光荘にお預けください」といって去った。

数日後、小菌江さんは「お嬢さんへ贈り物かな」と詩を添えた子猫を月光荘に持参した。すると、驚くほど高額の謝礼が「詩」とともにお店経由で返ってきた。署名はKとだけ。店主に尋ねても「いまにわかるさ」と微笑する。小菌江さんは、それから何点か作品を届け、そのたびに、お礼を受け取った。

数ケ月後、銀座六丁目を散歩していた小菌江さんは、ある商店の飾り窓を見て凍り付く。そこは老舗の「黒澤商会」で飾り窓にはタイプライターや手動計算機など事務機器が金属部品を輝かせて展示されていた。

そうした冷たい事務機器に戯れて楽しい光景を創り出しているのは小菌江さん手作りの子猫やコブタ、クマの縫いぐるみだった。Kとは明治期からタイプライター製造販売で名高い黒澤商店の黒澤敬一氏だった(5)。

飾り窓は、事務機器だけでなく、小菌江さんの才能の展示窓になった。雑誌記者や、テレビデレクターが注目し、縫いぐるみや絵や詩の制作依頼が舞い込むようになった。作詞も、冒頭の森山良子さんが歌った「この広い野原いっぱい」、絵本の『オバケちゃん』、遺作『ポリガペッパとゼラ』など、才能に満ち溢れていた。だが、いつも気さくで「圭子」に因んだ「ドド」を自称していた。ドドとは、のろまな鳥のことだ。彼女は自らの失敗話も隠さず語った。

ドドさんは、舞台照明のアルバイトもしていた。回り舞台にセットが飾られ、劇の一幕が終わり、

(5) 拙著「銀座のあしながおじさん」『からくり絵箱』青英舎、一九八二年、十八頁

次のセットの番がきた。舞台が回り始めると、舞台裏の作業衣姿の彼女は何を思ったか、回り舞台の方に飛び乗った。そのままでは表舞台に出てしまう。飛び降りろと手招きされても、もうかなりの速さで動いていて、ドドさんは飛べない。緞帳裏ぎりぎりまで近づいたとき、スタッフが手を伸ばして彼女を、つまみ上げ、辛くも救った。なんでも目の前でセットが動き始めたとき、ドド自身が回り舞台に乗っていると錯覚し、降りるつもりで回り舞台に飛び乗ってしまったのだそうだ。

「相対性原理が身にしみてわかったの」と彼女。

◆自慢大敵

大手広告代理店「電通」取締役だった塚本誠さんに、自叙伝『ある情報将校の記録』がある(6)。

塚本さんは、歩兵を目指し士官学校在学中、関東大震災で足を負傷して憲兵に転科した変わり種だった。『ある情報将校の記録』序文に松本重治さんは、こう書いている。「塚本氏は自身がどう考え、どう生きたかを、淡々と語り、そこに誇張も自己弁護の言葉もない。ページごとに先輩や友人への感謝が書かれ、実に奥ゆかしい。新しい職場では客観情勢を踏まえて、憲兵は、軍人は、陸軍はどうあるべきか、といつも考えていた」と書いている。

松本さんは同盟通信の元記者（序文執筆時、国際文化会館館長）、塚本氏とは古くからの友人だ。

塚本さんの自叙伝を、そのままそうと受けとるか、どうかは別として、ものを書くときは、前記のような態度で書くことだ。

(6) 塚本誠『ある情報将校の記録』中公文庫、一九九八年。

自慢せず、功を他に譲り、山本作兵衛さんのように謙虚に、ドドさんのように、失敗も隠さず述べるほうが、きっと読み手にさわやかな印象をもたらすだろう。

5　立場を変えてごらん

◆ミッキーさんの十の戒め

ウォルト・ディズニーは、ディズニーランド構築にあたって抱いた彼の理念を後継者に持ち続けて欲しかった。そこで「十の戒め」を残した。そしてその表題を「ミッキーの十戒」とした。これが「ディズニーの十戒」だと、首脳交代があれば廃止されるかもしれない。

だがミッキーならディズニープロの永遠のキャラクターだから戒めも続く。これは面白いアイデアだ。側近で二〇一七年七月に他界したマーティ・スクラー企画部長の助言だろう。

十戒は『旧約聖書』の「出エジプト記」二〇章に出てくる。神がモーセを通してイスラエルの民に与えたものが本家だ。ここでは「ミッキーの十戒」を解説は略し、項目だけ紹介する、

❶　お客を知れ

❷　お客の靴（モカシン）を履け

❸　人の動きを想像せよ

❹　目玉を設けろ

❺　コトバよりも映像で説明

❻　過剰を避け、転換せよ

❼　一場に一話

❽　矛盾を避けよ

❾　一粒の手当は一トンのご馳走に勝る

❿　続けろ。やめるな

これは私の意訳なので原文はネットでMickeys' Ten Commandmentsを見ていただきたい。「お客を知れ」は入場者の性別、年齢層、地域、趣味など傾向を調査せよということだ。「お客の靴を履け」というのは、「お客の立場で展示やイベントを眺めて見よ」だ。アメリカ先住民に「あなたのモカシンを履いてみよう」という表現がある。モカシンとは鹿皮を足に縛り付ける履物だ。

◆自分史を書きながら

公刊された他人の日記を読んでみると、あるものは感情の激するままに書かれていて「へえ、あの温厚な人が、胸にこんな怒りを抱いていたのか」と驚くことがある。本人は、怒りを書くことでスッキリさせるのだろう。ところで、自分史では立場を変えて書いてみるのはどうか。

一九五二年頃、私の父は商社顧問として米国人バイヤーと商談に従事していた。大規模な取引では弁護士が来日し、契約書を点検し調印となる。弁護士の一人にケント・ホールという大鉄鋼会社の顧問弁護士がいた。ホール氏は契約書に問題がなければ仕事は終わりで、日本を観光旅行したい。だが、

写真6　プレジデント・ウイルソン号

父は仕事で忙しい。そこで観光案内を高校生だった私に命じた。ホール氏は日本語ができない。私も英会話ができる程度だったので日本交通公社の英文案内書を頼りに九州など各地の名所を案内した。ホール氏は米英の超一流大学出身で格調のある英語を話すので、勉強になった。

まず自己紹介で「アイム」と略していうと、「我々の階級では『アイ・アム』とちゃんと略さずに話すのだよ」と言葉遣いを直される。なんとか日本旅行案内が終わり、それからは私が夏休み、冬休みになるとホール氏は、所用がなくても来日をするようになった。一つには所得税が巨額なので、必要経費の名目で旅行し、所得額を軽減するのだ。氏は飛行機が嫌いでアメリカン・プレジデント・ラインの客船で来た（**写真6**）。

◆横浜大桟橋

一九五四年の桜が咲く頃、「香港からウイルソン号で横浜港に着くから出迎え頼む」と電話があった。船会社で確認して横浜入港時間前に大桟橋に着き、潮の香り、タグボートのエンジン音を楽しんだ。すると驚いたことに桟橋の出迎え人の中にホール氏がいて接岸するウイルソン号を眺めている。「どうされたのですか」と聞くと、彼は「香港で上陸中に船の出港時刻を間違えた」。

彼が波止場に赴いたら船は出港したあとだった。財布も手帳もパスポートも船室の中で、止むを得ず安宿に泊まり、香港の米国系銀行支店長に何百ドルか借りて、飛行機に乗せて貰い、船より早く、羽田に着いた。横浜の米国系銀行支店長は「パスポートも紹介者もない人にお金は貸せません」という。

そうこうして今日だ。

「無事に会えて嬉しい」と彼が語るうちにウイルソン号から事務長や一等船客が群れ降りてきた。「よくまあご無事で」「心配したよ」と口々にホール氏を抱きしめる。

そこへ黒塗りのセダンが猛スピードで来て急停車。ドアを開けて恰幅のいい米人紳士が降り立った。ホール氏に駆け寄ると「先日は失礼しました。本国の銀行に問い合わせましたところ『ホール氏は当銀行の最高の顧客である。信用は無制限』とのことでした」といい、「どのようなお叱りでも受ける覚悟です」とその横浜の支店長は帽子を取り、名刺をだした。

私は「信用無制限」という言葉と、米国紳士が、こうも恐縮するのを初めて見聞きした。

ホール氏は「いや、私が、もしあなたの立場だったら同じように断ったでしょう」といいつつ、手にした名刺を読まずに海に投げ込んだ。

「あなたの立場だったら」いい言葉だった。ついその前に「香港の支店長は無条件で貸してくれた」とホール氏から聞かされたばかりだったから。

◆ダメなやつを怒るかい？

大学教員になって、一年生の基礎ゼミを担当した。大学生として基本的な授業のノートの取り方、図書館の使い方、リポートの書き方などを覚えてもらい、仲間と交わって孤独にならないようにさせるのだ。大学進学者が増え、さまざまな一年生が増えてきた。

その中に、頭はいいのだが悪知恵も発達して教師からみると、やっかいな女子学生の明美（仮名）がいた。例えば授業に関するアンケートを配布すると「これは成績に関係ないなら」とサボる。リポートは複数の友人のものを合成して省エネするといった調子だ。そうとわかると、次はどのような小細工をしてくるか、私も面白くて待ちかまえてしまった。

明美は三年生になり専門ゼミの教員を決める時期になった。だが、どの教員にも引き受けてくれず、結局、私が引き取ることになった。四年生になり、就職を控えると明美は、どうやら落ち着いて来たが、言葉遣いは依然として乱暴だった。

ある日、下級生のおとなしい女子学生が民放局のアルバイト先で珍しくミスをしでかし、上司にこっぴどく叱られ、私の部屋に泣きながら報告にきた。そこへ明美が、たまたま顔をだした。

私の部屋は面会時にドアを開けている。

明美は、その下級生から一部始終を聞き取ると「おまえねえ、見込みのないやつを怒るかい？　立場を変えてみなよ。おまえは、できるやつと思われたから怒られたんだよ！」と一気にいった。

どう慰めたものか、おたおた考えているうち、明美が励ましてしまった。私はあとで明美に「いいことというなあ」と感心して言った。

やがて卒業式。「先生がいい子だって褒めてくださったので、いい子になれたのですよ。明美」とゼミ卒業生一同の寄せ書きをした色紙に書いてあった。マスコミ出身の私は、学生の提出物にバツをつける批判型であって、決して褒めるタイプではない。何かの契機で彼女自身の中で自己改造が進んだのだろう。

人は変わる。それを痛感させてくれた明美だった。

6　枠処理

◆プロクルステスの寝台

昔、ギリシア神話時代にプロクルステスという盗賊がいた。鉄枠の頑丈な寝台を持ち、旅人が一夜の宿を乞うと快く泊め、背の高い旅人は寝台から脚がはみ出ると賊は寝台に合わせて客の脚を切ってしまった。逆に低い旅人は首や脚は無理に引き伸ばして寝台に合わせた。

結局、客はほとんど死に、賊は、客の財布を奪って暮らしたという。プロクルステスは「無理に基準に合わす方法」として、統計技術や電算機のプログラミング用語にもなっている。

◆サントリー広告の生みの親

国画会会員の山崎隆夫（一九〇五～一九九一年）氏は、一九五四年に三和銀行勤務からサントリーに移り取締役、宣伝部長となる。同部がサン・アドとして独立すると社長としてタイムレコーダーなし、ネクタイなしの自由な社風を作り、開高健、山口瞳、柳原良平らを育てた。私は職場の研究所の勉強会に山崎氏を招くことを提案、神奈川県茅ヶ崎のお宅に出演交渉に向かった。

駅を出ると陽光が強い、見上げれば紺碧の丸天井、なるほど湘南海岸だ。磯風が心地よい。木々に囲まれた瀟洒た山崎宅は直ぐわかった。

退職後で画業専門となった山崎氏は、海岸からの富士山の眺めを愛し、ときに裸足になって渚に立ち、雑念を海水に放電（氏はアースと表現された）する。自由闊達な座談の話題は豊富だった。私は、それは面白い、これもぜひお願い、と注文して職場に戻った。さて当日、私の司会でお話がはじまった。もう若年層にウイスキーを馴染（なじ）ませる「トリスバー展開秘話」の前置きから聴衆に大受けする。

もっと、もっととせがまれる感じを受け止めた山崎氏は、そこでお願いした話題から、余談へと移って、私が本当に話して頂きたかった「部下の才能の伸ばし方」は、駆け足で終わってしまった。

上司は「講話は、講師の意識の流れ、それは聴衆との相互作用だから、ああいうものさ」と私を慰めてくれたが、私は大いに反省した。

◆「しりとり」をしない

学生時代にテレビ番組のライターを始めた若き日、私は内心、得意にした技法があった。それは「しりとり」というシナリオ構成法で、山崎氏を例にすると次のようになる。

まず、山崎氏の略歴から日曜画家であると紹介、その作品の富士山の油絵に移り、その絵から「渚でのアース」と繋いでゆく構成法である。

要するに甲の話題なり映像から、乙に繋がる要素を抜き出して乙に繋ぎ、乙の話題なり映像から丙への接点を見つける。この見つけ方、こじつけ方が、うまいのがいい番組だと思っていたのだ。

たしかに三〇分なり一時間の番組は流れるように推移する。だが、放送してみると「何をいいたいのか」わからない。

◆絵本作りでヤマとタニ

それから何十年かして、私は幼児向けの語学教材の企画制作に従事した。絵本が教材の中心になる。「その絵の担当です」と若い女性の画家が本社から派遣されてきた。すでに締め切りが迫りつつあった。彼女が最初から力を入れて描いていたら、途中で駆け足になり、構図や細部の書き込みが荒くなりそうな予感がした。

私は三〇ページの絵本で五ページおきに「山場」になる場面を配置して、その山場の六枚について彼女と充分に打ち合わせし、構図や彩色に力を入れてもらった。

ついで他のページも徐々に着手してもらうと、コツを飲み込んだらしく、いい絵本が仕上がった。分散させた「山場」が、これは綺麗な絵本だという印象を買い手に与えたらしい。

そして、その中間のまあ平凡な絵は山場を引き立てる谷間の役を果たした。

つまり谷間は次の「だらし」として働いた。

◆「だらし」の効用

『沓掛時次郎』や『瞼の母』など股旅物もある作家長谷川伸（一八八四〜一九六三年）に『石瓦混交』

という遺作集があり、そこに「だらし」という言葉が登場する(7)。

その説明を長谷川は講談を例にしているが、ここでは花火に置き換えてみる。

花火大会にゆくと、最初にババン、ババンと二、三発景気良く始まって浴衣のみんながそれと集まってくる。すこし派手に金銀の星が開いて「おー」と歓声が上がり、焼き鳥やビールが売れる。すこし、間遠になって寂しいなと思う途端に連発が始まり、大歓声の中で大輪の花火が開いて終わる。この「寂しいな」と思わせる部分を長谷川伸は「だらし」と呼んで「結び」を盛り上げる、大切な仕掛けだという。緊張させる大輪の連続では読者の感覚が鈍ってしまう。だから、せっかくの「結び」がつまらなくなるのだそうだ。

◆枠処理

朝日新聞社の科学記者だった奥田教久氏（一九一九〜二〇一〇年）にお会いしたのは、一九九七年だった。実は奥田氏は戦時中に技術将校としてレーダーの開発に関係していた。

私は同時に朝日新聞の電算機編集も取材した。

朝日新聞社がアメリカの大手電算機会社ＩＢＭと結んで日本最初の電算機支援の紙面作りシステム「ネルソン」を実用化したのは一九八〇年九月一日である。

それまで朝日新聞は鉛活字を文選工が原稿を見つつ、一字ずつ拾い、記事ごとに植字工が小さな箱に組んだものを、最終的に集めて新聞一ページ大の大組を作っていた。

(7) 長谷川伸『石瓦混淆』中央公論社、一九八七年。

実際には大小の見出し、写真、囲み記事、罫線など様々な要素があり、バランスの取れた紙面を作るのは、芸術家のような紙面構成の感覚とニュース価値を熟知したベテランの腕の見せ所だった。

一九六八年に奥田氏は、電算機支援の紙面作りチームのトップに就任した。

IBMの米国人技師たちは最初、漢字仮名まじりの語句が「見出し」として縦や横に組まれている紙面をみて、これは難しいと頭を抱えこんだ（**写真7**）。

写真7　新聞の組み立てを見る米技術者

英字新聞は横組で通常、記事欄は縦に流れゆく。

彼らは朝日新聞の縮刷版を本国に持ち帰って分析し「見出し」とコラム、罫線、それに写真を一括してA群、記事本文をB群として、ある比率を定めた。たとえばある比率以上の記事は切り詰め、比率以下の写真などは大きく扱うように指示するシステムを作ったのだ。

米国人技師は日本語を知らなかった。だが文字の「見出し」と画像の「写真」を同列に扱うという日本人には思いつかない発想がカギだった。

それによって、ベテラン編集者のようなバランスの取れた紙面作りができる。こうして彼らはまず一番の難所を突破した。

以上は、私が奥田氏の話から理解したことの一部分で、誤聞もあるだろう。奥田氏は、この人が、あの波乱に富んだ大事業をやり遂げた人とは思われない穏やかな紳士で開発経過を淡々と話された。

それはともかく番組開発で悩んでいた私に、この話は「枠処理」という工夫を思いつかせてくれた。例えばある番組で、Aという話題は、長く扱いたくても五分で打ち切り、Bという話題は、短い話なのだが、すこし膨らまして五分にする（実際には「五分」で機械的に刻むのではない。これは心理的な長さである）。

これで三〇分の番組なら三〇分の中で緩急のあるリズムを作る。

時には前後を入れ替える。もちろん出演者が話したい内容や話術、視聴者の興味、そうしたものを全て勘案して決めるのだ。サン・アド山崎社長の講話の司会者をした私は、それを思いつかなかった。私の失敗だった。自分史を書くときも、この「枠処理」を忘れないようにしたいものである。

7　企業史の断片

◆われ、フォルクスワーゲンに勝てり

一九五八年、国産車の対米輸出は、始まったばかりだった。国産車は日本国内の悪路には強くても、北米の高速道路を時速一〇〇キロ以上で長時間、連続運転に耐えるかは、実地に走ってみないとわからない。予想外の不具合を素早く知って対策を練るため、日産自動車の設計担当チームも渡米し、情報収集を始めた。そうしたチームに田辺邦行氏がいた。彼はある日、エンジニア仲間とカリフォルニア州ベイカースフィールドの長い上り坂で、ダットサンのエンジンの加速テストをしていた。

すると、ドイツ製の甲虫のようなフォルクスワーゲンが追いついて横に並んだ。当時は馴染みのない小柄な日本車を一瞥した米国人たちの表情に驕りをみてとると、田辺は猛然と競争を仕掛けた。長い上り坂は、馬力が小さい車には負担が大きい。だが、手動操作のギアをトップからセカンドにすると速度は損しても力が出るのでぐんぐん登る。坂がなだらかになったら、すぐトップで速度を稼ぐ。抜きつ抜かれつするうちに、フォルクスワーゲンは徐々に後に位置し、ついにバックミラーからも消えた。助手席の仲間は、八ミリの映画カメラで、この状況を撮影、本社に送った。「われ、フォルクスワーゲンに勝てり」というジュリアス・シーザー風の文句を添えて。この八ミリ映画は一九八七年六月に「ＮＨＫ特集・自動車」で放送された。

◆車よ、あれがニューヨークの灯だ

一九六一年九月、私がニューヨークに留学した時、兄の宇佐美昌孝が隣州のニュージャージーの北米日産でサービスエンジニアをしていた(**写真8**)。ある日、ダットサンを一台、シカゴからニューヨークへ回送することになった。

両都市間は直線距離で一二〇〇キロ、ざっと青森下関間に相当する。途中で眠くなったら大変だ。そこで、私が目覚まし役で助手をすることになった。やっかいなのは広い米大陸には四つの標準時があり、東に向かうにつれて時間が減る。しかもサマータイムをする地域としない地域があって運が悪いと二時間睡眠時間を損する。途中二泊して夕刻、東部の曲がりくねった山道に入った。

それまでハイウェイでは八気筒、数百馬力の米車に追い抜かれていたが、日本で山道に慣れている兄貴はギアとハンドルを巧みにさばいて、みるみる米車を引き離していった。やがて峠に近づく。前方をみると夜空が明るい。上りきって視界が開けると、摩天楼が立ち並ぶニューヨークの壮観が忽然と立ち上がった。

一九二七年にニューヨーク・パリ間を単独で無着陸飛行したリンドバーグを描いた映画に『翼よ！あれが巴里の灯だ』がある。それほどの大事業ではなかったが学生時代、車で南北アメリカ縦断を夢

写真8　ダットサンの寒中始動実験中の兄

見ていたことの何分の一かがこうして実現した。

◆記録を残す

このドライブは、いつだったのか、途中何泊したか、走行距離は、と古手帳をみると「一九六一年一〇月十三日金曜日午後四時シカゴ発だ。十四日オハイオ州コロンバスで知人と再会、十五日午前二時にウェスト・バージニア州ホイーリング着、ホール弁護士と再会、この日三二〇キロ走り、吹雪模様に遭うも二三時ニューヨーク着」とある。

もう、細部はすっかり忘れていた。写真もないし、小遣い帳も失われている。ホイーリングでは、百万長者のケント・ホール弁護士の広大な地所を見せて貰ったことだ。地平線まで広がったリンゴ畑で、収穫する人もないまま、鹿が落ちたリンゴをゆうゆうと噛んでいた。

そういえば、その年の暮に再訪したら、ホール氏の紹介で地方新聞社を見学させてもらえた。印刷工場では鑽孔（さんこう）テープからデータを得て一行分の文字列を作り出す「ライノタイプ」が使われていた。この新システムのため植字工は失業に直面した。活字をピンセットで拾い、小箱に文章通り組む。夕方に解版して活字をケースに戻し帰宅。一方ではライノタイプが同じ文章を組んで実際に輪転機に掛けるという並列案が生まれた。植字工は雇用契約終了まで給料を受ける。人々はこれを「ボーガス（いんちき）制」と呼んでいた。朝日新聞社のネルソン（電算機による新聞編集システム）が稼働するのは一九八〇年だ。

◆高速道路

留学中の一九六二年の春、兄から「米国の高速道路のシステムを調べて本社に報告する。八ミリ映画カメラと普通のカメラを持参のこと」と連絡があった。ニューヨークを起点にニュージャージー・ターンパイクを往復して各種の道路標識とその配列、サービスエリアの設備を文章と映像で記録するのだ。

日本最初の大都市間高速道路の阪神高速道路は、一九六四年に開通予定だった。だから、建設関係者はサービスエリアとはなにかを知る必要があった。さらに食堂やトイレのほかに何があるか、高速で走る車をサービスエリアに誘導する標識は何色で何キロ手前に設置してあるか、情報を欲しがっていた。

ニュージャージー・ターンパイクは一九五一年完成、ニューヨーク市北のワシントン橋から南方のデラウエア州境まで一九七キロの有料道路で首都ワシントンへの幹線だ。

全米で最も交通量が多い。朝早くからダットサン・ブルーバードで兄と出発、目につく標識を片っ端から八ミリ映画カメラで撮影した。

標識は数マイルごとあって、徐々にサービスエリアへ誘導する。映画はその時間の出現間隔と見た目の感覚を記録できる。そして慣れてくるとスチル・カメラで標識の形と色、掲示内容をしっかり撮った。例えば楕円で

写真9　高速道路沿いの注意喚起標識

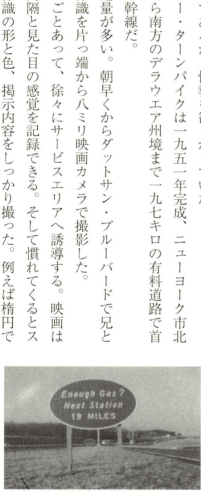

白字の標識は「次のガソリンスタンドまで十九マイル」とガス欠でエンコしないように注意喚起している（**写真9**）。

標識文字には夜でも見やすいように反射体が埋め込んである。道幅は一車線三・五メートル、路肩は三メートルとやや狭く、サービスエリアには給油や修理の設備もあり、車内持ち込み用に紙箱入り食事もあるなど、情報を集めた。

◆サンギョウスパイ

さらにサービスエリアの全景を撮影しようと、近くの丘に登って三脚を立てた。カメラに夢中になっていると背後から誰何された。振り向くとハイウェイ・パトロールの警官が二人、拳銃を下げて「何をしている」ときく。

「私はニューヨーク大学映画学部の院生、撮影の練習をしている」と答えると「それならいいけどスパイかと思った」と警官。

兄貴は「一種のスパイかも」と返して冗談の応酬になった。米国がまだ、ゆとりのある時代だった。

一九六二年十二月二〇日、東京初の自動車専用高速道路が芝浦から京橋まで開通した。帰国した私はタクシーで走ってみた。

制限速度は六〇キロ、元は築地川の底と両岸をコンクリートで固めたまるで側溝みたいなハイウェイだったが、すでに「ひし形」の標識が日本文で設置されていた。

ああ祖国にも高速道路時代が来た。いつか各地へ車で簡単に行けるようになると思った（それは栄光とともに自然破壊や大気汚染などの影も伴っていたが）。

企業史は、始まりから目標の達成までにドラマがある。

だが満つれば欠けるのが世の習い、開拓者の労苦は忘れられ、インチキで看板に泥を塗り、業績も結局低下する。そうならない戒めの書として企業史は書かれるべきであろう。

8　北米大陸を踏んだ三人

本稿では北米に名前を残した日本人三人を選び、それぞれの運命を辿る。主人公は姓でなく名を使う。

◆打瀬船の名船長吉田亀三郎

気仙沼の「石巻千石船の会」の本間英一氏は、商船と遠洋漁船に乗組んだ経験があり、江戸時代の帆船史料を集めている。ある日、私は、本間氏から「明治末期から愛媛の打瀬船（うたせぶね）が、ひそかに太平洋横断して北米に渡った」と教わった。

明治時代に漁船でそのような航海が可能なのか。好奇心に駆られて愛媛県立図書館に問い合わせると、複数の文献や『愛媛新聞』二〇一一年五月二〇日付記事を教わった。

その主人公吉田亀三郎（一八七二〜一九三〇年）は、愛媛県八幡浜市北の川之石で生まれた(8)。亀三郎は幼い時に父を失い、他家に預けられた。九歳の時から見習い漁師になる。

一八七九年（明治十二）から義務的な教育制度が始まったが、亀三郎には無縁であった。彼は生涯無筆だった。この地方には打瀬船（**次頁の写真10**）という独特の漁船があった。

この漁船は「袋網の左右を漁船の船首と船尾から曳き、海底を浚って魚類を漁獲した。トロール船

(8) 村川庸子『アメリカの風が吹いた村：打瀬船物語』愛媛県文化振興財団、一九八七年。

は船尾から網を流して前進しつつ魚を獲るが、打瀬船は船首尾線と直角に網を曳いた。三本マストに縦帆を張り、風下に漂流し、適当な距離の海底を湊うと風上へ切り上がる。そして再び風下へ漂流して漁をする。これを繰り返した。

風や潮の変化の予測と帆の操作、漁場の見極め力は打瀬船漁師にとって非常に大切な技術だ。亀三郎は成人すると操船と漁撈に優れていて「漁場の神様」と称された。この打瀬船は地方により船体の造りや性能が異なる。愛媛県川之石の打瀬船は、和式漁船としては珍しく水密甲板を持ち、時には一〇日間もの漁撈を行うので船室を備えていた。そして、この打瀬船は向かい風六～九本の横桟がある縦帆が三枚ある。横帆の和船は向かい風だと帆走が難しい。打瀬船は向かい風を縦帆斜めに受けると風上に切り上ってゆけた。

写真10　打瀬船

◆移住ブーム

当時、米国で労働し大金を持ち帰る出稼ぎが日本各地で始まった。だが、正規の渡航は数百円の費用がいる。一九〇二年、亀三郎は北米シアトルに渡航した。以下は推定だ。船員の援助で船倉に隠れ、シアトルに着くと密かに上陸した。仕事は鮭漁師だった。肉体労働者の日当は日本で約七〇銭、米国では円貨換算七円だった。五年間、彼は北米で働いて、四千円を稼いで一九〇七年に帰国した。当時の一円を現在の一万円とすれば四千万円である。

亀三郎は住宅を新築し、妻を娶った。カマボコやチクワの加工業を始めた。だが、ネズミによるペストの流行で、同地方の練り製品業界は致命的な損害を受けた。

◆第二回渡航

以下は、小島敦夫氏の著作による[9]。小島氏は商船の乗組員の経験があり、外洋ヨットの持ち主で、帆走史の研究家だ。したがって亀三郎の航海についての新聞記事や証言を鵜呑みにせず実情を吟味している。

一九一二年五月十一日、亀三郎は親類や知人五人とともに打瀬船住吉丸（全長一〇メートル）に乗り、一気に北米沿岸を目指した。

亀三郎の船のような小型船による太平洋横断は、前例のない冒険だった。一般に和式漁船は平底で、漁獲物を積み下ろししやすいように水密甲板がない。だが住吉丸は横断面がV字型で前述のように三本マスト、水密甲板や船室があった。

同年七月十八日にカリフォルニア州サンディエゴ市付近に安着、亀三郎らは、漁撈中に嵐に逢い、七六日間の漂流後に到着したと移民当局に虚偽の事情を説明した。

だが洋服・ネクタイを着けて革靴を履き、着岸とともに船を焼いていたので密航者と裁定された。

北米の新聞は密航者ではあるが、小舟で太平洋に出た勇気と、技量を絶賛した。扱いが難しい縦帆

(9) 小島敦夫『密航漁夫・吉田亀三郎の生涯』集英社、二〇〇一年。

を用いて外洋を航行することが、いかに大変か、米国人は理解できたのだ。アメリカの新聞記事（**写真11**）と日本外務省公文書(10)から、亀三郎ら五人が七月十八日にサンディエゴに到着、九月九日に横浜へ強制送還されて到着したことが確認できる。

ただ、亀三郎は記録を残さず、仲間も実態を隠したので、郷里では法に反した密航失敗者として白い目で見られた。

米国はアジア系移民の入国を制限し始め、日本の警察も、密航者を出さないように厳しい監視体制を取るようになった。

亀三郎は郷里で借金もできて面目を失った。妻と二人の子供を置いて身を隠した。だが一方、密航希望者は亀三郎の腕前を信じて集り、翌一九一三年に打瀬船東行丸（全長十四メートル）に二六人が乗り、亀三郎を船長にして出発した。

五月七日川之石を出港、七月八日カナダのビクトリア西北のクイーン・シャーロット島(11)に到着した。正味の航海日数は四七日だった。

カナダには日本人経営の鮭缶詰工場や漁船の造船所が多数あ

写真11　北米新聞に載った亀三郎たち

写真12　晩年の吉田亀三郎

(10) 外交史料館史料　Ref.1208173200
(11) 現・イダ・グワイ

り、一行は分散して、日本人社会に溶け込んだ。亀三郎はここでも鮭の漁撈に優れた腕前をみせてカナダ人を驚かせた。

十七年間の滞在中に在住権を獲得して二度帰国して妻子と再会、借金を清算した（**写真12**）。五回目の渡航は一九三〇年、五八歳だった。カナダで機関付き漁船を新造中、その完成直前に急逝した。

◆焼却された航海日誌

小島敦夫氏の著作から、亀三郎が巧みに村祭りを利用して当局の目を出し抜き、密航船を出発させたユーモラスな情景が目に浮かぶ。

また亀三郎の指導力にも驚かされる。例えば現代の船で用いられる三組四時間の当直制（当時、帆船は二組六時間制）の採用や、窮屈な漁船上で避難訓練や餅つきをして人々の気分転換を図ったことなどだ。

小島氏は、縦帆の船による操船の難しさを理解して、称賛する米国と、そうした知識がなく、見当違いな情報を描く日本の新聞、さらにそれを受容する世間の差を描いた。実は亀三郎の義弟の河野楽末が、観測記録に基づく本格的な航海日誌を記録していた。グラフ用紙で海図も作っていた。風向によりどのように操船したか、太陽や星の観測記録から、航跡も再現できたはずだ。

しかし河野の死後、教員だった彼の長男は「密航という犯罪者の記録」として中身も見ずに全部焼却してしまった。

その長男は少年時代、世間から冷たくされて肩身が狭かったからだという。長男の言い分には同情する。だが、海事史としては実に惜しい一次史料を永久に失った。

◆カムカム英語

英語の平川唯一（一九〇二～一九九三年）は岡山県出身、大正時代に十六歳でシアトルに渡る。線路工夫として貨車で寝起きし、広い北米大陸の鉄道工事現場を転々と移動する生活だった(12)。

やがて学僕として家事を手伝いつつ、高校で演劇を学ぶ。その猛練習ぶりは毎夜、住宅街の傍の丘の上で演説の稽古をしていたらパトカーの警官に注意されるほどだった。

だが唯一は喜んだ。つまり、一・五キロ先の住宅から苦情が出るほど声量を鍛え上げていたのだ。シアトルの名門校生三千人から五人しか選ばれないという難関の弁論大会にみごと入賞した。大学では演劇学部を首席で卒業し、ハリウッド映画出演を果たす。

唯一は一九三六年に帰国してNHK海外放送（現・国際放送）のアナウンサーになった。

一九四五年八月には昭和天皇の終戦の詔勅を英訳して放送した。唯一は終戦直後の一九四六年から一九五一年までラジオ「英語会話」番組の講師になった。『証城寺の狸囃子』の曲にのせて『カムカム・エブリィボディ』の歌で親しまれた。彼は、さらに演劇で鍛えた話術で一世を風靡した。

夕方の「子供の時間」とニュースに挟まれた十五分番組だったが当時はNHKのラジオ一波しかなく、聴取率は上がる一方だった。

(12) 拙稿「カムカム英語の輝き」『英語教師教師読本』アルク、一九八二年二月、九七～一〇一頁。

毎月三〇万部も出たテキストは一枚の紙を折り畳んだ粗末なもので、聴取者は切り開いて糸で綴じた。

唯一の知名度は天皇、マッカーサーに次いで第三位になった。五年余りの放送で全国から寄せられた手紙は五〇万通を超え、唯一が病気で休講すると見舞いの薬と食料品の小包が自宅に満ち溢れ、近所に別棟を建てたほどだった。

私が一九八二年に取材にゆくと、その手紙類が年月別にセロファンで包んで分類し保存してあった（**写真13**）。戦時中に英語教育を廃止し、戦後に占領軍を迎えた日本で、ラジオが生んだ特異な英語ブームであった。

写真13　投書を見せる平川先生（右）

◆海嶺（かいれい）

三浦綾子の小説『海嶺』は、千石船の水主音吉らの実話に基づく。一八三二年（天保三）に宝順丸は伊勢の鳥羽から江戸に向かう途中で嵐に遭う。一年二ケ月も太平洋を漂流し、米本土最北西のフラッタリー岬に漂着した。十四人の仲間で生存者は少年の音吉ら三人だった。

積荷が米だったので主食は余るほどあったが、飲み水は「ランビキ（レトルト）」で海水を蒸留し、燃料は船の部材を削って得た(13)。一年以上も漂流し生き抜いた三人の精神力は米国人を驚かせ、彼らは丁重に扱われた。南端、ロンドン、アフリカ南端を経て一八三七年についにマカオにたどり着く。

(13) 三浦綾子『海嶺』上巻、朝日新聞社、一九八三年、二五八頁。

小説では三人は航海中に缶詰をみて、あれがあれば漂流中に役立ったのにと話し合う場面が描かれている(14)。

三人は一八三七年に伊豆の下田沖まで米船モリソン号で送られた。モリソン号の船長は、船の大砲を陸揚げするという決断をした。こうして平和裏に音吉ら漂流者を届けたいと思った。

だが日本側の守備隊の砲撃で追い払われ、彼らの五年ぶりの帰国は叶わなかった。

音吉は、中国で実業家になり、英国人として四九歳で没する。

彼は新約聖書の初の日本語訳者でもあった。

◆三人の足跡

亀三郎は、日本人初の漁船による太平洋横断を二回成し遂げた。

唯一は労働移民で渡米して、帰国後の戦後期にラジオで一世を風靡した。

音吉らは異国船打払令のため、いかに望んでも帰国できなかった。

三人の生涯は、三浦綾子が、その著書『海嶺』の題名にしたように海底の山脈(海嶺)のように民衆史の底に厳然と聳えている。

(14)『海嶺』中巻、二一一頁。

9　地図の思い出

◆チャートは語る

二〇二二年十一月二〇日付の『日本経済新聞』は一面トップで、アジア諸国の地盤沈下が目立つと書く。中国やインドは、工業化による地下水の汲み上げなどで地盤沈下が激しい。温暖化による海面上昇は年間二ミリだが、地盤沈下は海面上昇の五倍から二〇倍の速度であり、水没する地域もでるという。百年後の世界地図はどうなるのだろう。

◆アトラス

高校生時代に父の言いつけで、ある米国人観光客のガイドをした。百万長者の彼はウェスト・バージニア州ホイーリングから来た。そのホイーリングがどこか私にはわからない。私は「米国の生徒が使う地図帳が欲しい」といった。すると彼は帰国後、四〇センチ×三〇センチぐらいの分厚い世界地図帳『アトラス』を送料が高い航空便でドカンと送ってきて、私はびっくりした。それには世界各国から米国各州の町村まで詳しく記されていた。

米国では日本のように生徒各自に教科書型の地図帳は持たせず、大きな『アトラス』を教室の後部に置いて利用させるのだそうだ。航空便には彼の住む街の地図が同封され、自宅の場所を縦横の欄外に矢印で示してくれていた。日本では自宅を示す時、地図上に丸で囲うことが多いので感心した。

◆地図の恩恵

私が一九六四年に勤務していたNHK国際局報道部では、渡辺躋三（わたなべ・さいぞう）さんが部長だった。渡辺さんは一九五四年当時、ラジオ記者で内郷丸遭難事件（うちごうまるそうなんじけん）を担当した。

それは神奈川県津久井郡（現・相模原市緑区）の相模湖で遊覧船が最寄りの日連村（ひづれむら）地内から一〇〇メートルの沖合で沈没し、私立麻布中学校の生徒二二名が溺死した事件だ。無届けの改造船に定員の四倍以上の客を乗せていた。麻布中は秀才が集う名門で遭難者数も多かったので同年の十大ニュースに入った。

渡辺さんは引率教師や助かった生徒、救助した人の生々しい声を録音した。だが、相模湖は山地が取り囲み、録音を東京に送る方法がない(15)。やがて中継部の技師が到着した。

技師は地図を睨んで等高線を読み「この山と、こっちの山の間を通して超短波を飛ばす」と言った。その電波は光のように直進し、見事に都心の放送会館に届き、臨場感のあるニュースが放送できた。

◆海を超えたテレビ

一九六四年六月に新潟でマグニチュード七・五、震度五の大地震が起き、橋が落ち、石油タンクが

(15) 当時のニュースはラジオが主で、テレビは十六ミリ映画で記録、それを現像し編集してから放送した。

写真14　新潟の震災

次々に炎上した（**写真14**）。

渡辺部長は、ボケっとしていた私に「前線デスク」を命じた。これは二階の国内放送局ニュースセンターの大部屋で、次々に新潟放送局から入る情報を原稿にして六階にあった国際局へ送るのだ。国際局は内外のニュースを捌いていて多忙だった。

私が二階の大部屋で作業するうちに、余震のせいか新潟からの地上回線が故障し、映像と音声が絶えた。困っていると「名古屋局から東京」と呼んでいる。

「忙しい時に邪魔だ」と思ったが、何と「名古屋管内の富山局が二百キロ以上も離れた新潟局のテレビ放送を受信、それを名古屋経由で東京に送る」というのだった。後日に、地図を見ると新潟と富山の沿岸は弓なりに反っていて、中間は日本海だ。

普段から両局の技術者は有事に備えてテレビ中継ができるか研究していたらしい。当時のテレビ電波は見通しがきく距離しか飛ばないから地球上で二二〇キロも離れたら直接の送受信は無理だった。後日、専門家は「電離層に当てたか、散乱波を拾ったのだろう」と教えてくれた。

◆余談

その数日経って、新潟・東京間の回線が回復、新潟局から市内被災地の映像と音声を送ってくることになった。東京のスタジオには司会のアナウンサーがいて新潟地震の概要を紹介した。いよいよ新潟局のアナウンサーの説明で、被災地の様子が映りはじめた。これは生放送である。だが途中で音声が途絶え、映像だけになってしまった。これも余震で設備が傷んだらしい。

スタッフが凍りついていると、東京のアナウンサーが「こちらは落下した昭和大橋、去年新潟国体に合わせて作られたばかりでした。これは地盤が沈み込み、無傷のまま根こそぎ転覆した四階建て住宅ですと原稿無しのブッツケ本番で悠然と解説し、放送は無事に終了した。スタッフ一同が手を合わせて礼を言うと、彼は「下調べ、当然よ」といって、さわやかに立ち去った。

◆守屋荒美雄

二〇二二年四月から半世紀ぶりに高校で地理が必修になった。地理教材では、帝国書院発行の『新詳高等地図』などが有名だ。卒業後も捨てられない教科書の第一位だそうだ。その帝国書院を創立した守屋荒三（もりや・あらぞう）は一八七二年に岡山県の高梁川（たかはしがわ）の川畔で生まれた(16)。

高梁川はしばしば氾濫して土地を削り、彼の生家も失われた。高等小学校卒の守屋は独学で猛勉強し、二〇代に難関の文検に合格、地理・歴史の教員資格をとり、旧制中学校の教職に就いた。

そののち四〇代の一九一七年に地図教科書の帝国書院を創立した。同社は、物資不足の太平洋戦争終了後の一九四九年でも多色刷りの地理教科書を出版した。

(16) のちカトリック教徒となり、荒美雄（スサビオと改名）

守屋は出版事業だけでなく、高校野球大会の常連校、関東第一高校や吉祥女子中学・高校の前身となる学校を創立、さらに故郷に多大な寄付をした。前述のように米国の地図帳は詳しいが、学級単位なのに比べると、生徒が自宅に持ち帰ることができる教科書型にして発行し、地図を一般家庭に普及させた功績は大きい。一九三八年に守屋は永眠、六七歳だった(17)。その一九三八年に「国家総動員令」が公布された。

◆日連村

二〇二二年、地図が好きな私は、『地図帳の深読み：一〇〇年の変遷』(18)が出版されると、すぐに入手した。副題のとおり新旧二点の地図を取り上げ、その間に起きた歴史的事件を紹介している。その本を持って、ある会合にでると山崎一良氏（一九二六年生まれ）と地図の話から話がはずんだ。

山崎氏は相模湖の底に沈んだ日連村勝瀬（かつせ）の出身だった。そこは百戸に満たない小集落だ。神奈川県下では模範的な集落で明治、大正、昭和を通して村人は人力だけで相模川に堤防を築き、山地を削って水路を開いた。こうした辛苦の結果、陸稲（おかぼ）が普通だった土地に、ついに十八町歩の水田が生まれた。十八町歩はサッカー場（七千平方米）なら二五面分。米麦二毛作で県下でも優良な村だった。

山崎氏は隣の字日連の小学校まで徒歩で通った。

(17)「忘れ去られた郷土の『偉人』」『朝日新聞』二〇二一年十二月一日付。
(18)今尾恵介『地図帳の深読み』帝国書院、二〇二二年。

氏が旧制中学校一年生の一九三八年に発展中の京浜工業地帯へ工業用水や生活用水を確保するために相模川を堰き止めて貯水池（ダム）を建設する案が生まれた。

古い**地図**を見ると相模川は扇状地の勝瀬の西側で急に北上し、北側を東に進んで集落の東側で南東に下がり、ついで東へ流れている。この東側を堰止めれば大型ダム（現・相模湖）ができる。一九四〇年に工事が始まった。三年後の一九四三年、ついに勝瀬の八四戸（山崎氏談）に立ち退きが命じられた。軍国主義の時代、しかも戦時下だから問答無用だ。

ことに相模には戦時中に戦車などの製作工場(19)があり電力不足だったから、貯水池には発電所建設も加わった。このころ若者は「国家総動員令」で、軍隊や軍需工場で働いていたから移転作業は高齢の男性や女性の手で進められた。当時の農村の生活圏は狭く、隣村へ移転するのも外国へ行くような感じだった。

連日、村人はダムの水位が上がるのを見て暮らした。代々手塩にかけて切り開いた水田を始め、住居、二階建ての集会所や産業組合の建物、嘗て子供のころ遊んだ丘が徐々に水没していく。胸が深く

(19) 現在、その戦車工場は、米軍の総合補給廠になっている。ベトナム戦争時は米軍戦車の道路輸送が増え、反対闘争が起きた。

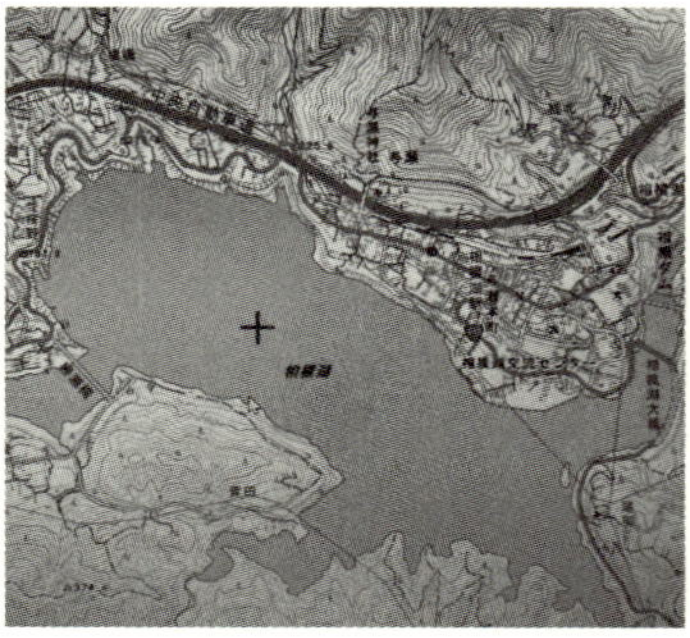

写真15　相模湖

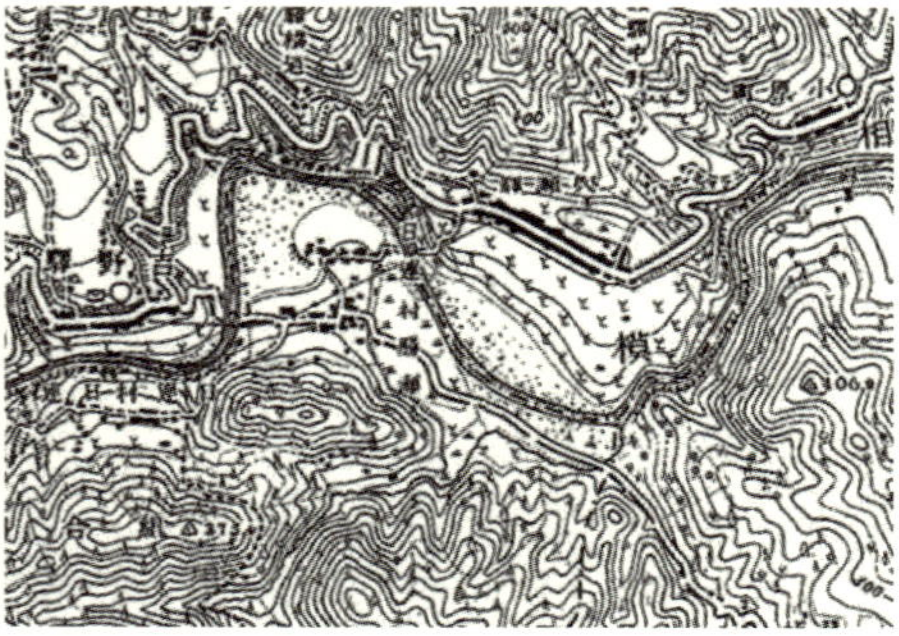

地図　中央線開通前の日連村

削り取られるようだった。

一九四七年に日本初の多目的ダムがついに完成した（**写真15**）。人工のダムに相模湖と「湖」をつけたのは、これが最初だ。

相模湖は一九六四年の東京五輪ではカヌー競技の公式会場となり、今は若者が水上スポーツやキャンプを楽しむ観光地である。

だが、山崎氏は仲間と歌った「湖底の故郷」の一節「さらば湖底の我が村よ、幼き夢の揺りかごよ」が忘れがたい。思い出すと今も涙が滲むと語るのだった。


「湖底の故郷」は作詞・島田磐也、作曲・鈴木武男、歌、東海林太郎である。この歌は、東京市の水がめとして小河内ダムの工事が話題になった一九三八年ごろ制作され、ラジオやレコードで広まった。小河内ダム建設で何軒かは移転したが資材不足で戦後も長く建設工事が中断した。このため「湖底の故郷」は後発の相模ダム（相模湖）に当て嵌めて歌われた。日連村では資産家がこの歌のレコードを持っていて山崎氏ら青年は集まって合唱した。

ちなみに相模川下流の城山ダムと発電所に接する津久井湖は、戦後の民主主義の時代だったので水没する村人への補償制度が生まれ、のちの基準となった。

10　折り紙の国際協力

◆ＯＤＡ

日本のＯＤＡ（政府開発援助）は一九九七年度の一兆一六八七億円を最高に徐々に減り、二〇二二年度は五、六一二億円になった。

二〇〇〇年度までの一〇年間、日本のＯＤＡ総額は世界第一位だった。だが翌年度に米国が日本を抜いて第一位になった。それまで米国は日本よりずっと少なく、独仏英はそれぞれ第三位から第五位だったが、金額はそれぞれ日本の約四分の一だった。

しかし、近年は中国の伸びが目覚ましい。多数のアフリカ諸国は中国のおかげと国連でも中国の意向を反映し、国連総会は多数決だから中国に支持が集まりやすい。

アジア諸国でもスリランカは中国から、返済能力を超えた高金利の借款をした結果、二〇一七年からコロンボ港の運営権を中国にほぼ譲り渡した。かつて大英帝国はコロンボ、ボンベイ（現・ムンバイ）と香港を拠点にインド洋を押さえていたのだが、そのうちの二港は、すでに中国が支配権をもつ。

◆日本の対中国ＯＤＡ

日本は中国へ二〇二一年に全事業が終了するまでの四〇年間に六兆六〇〇〇億円を供与した。それらは中国の道路や橋、港湾の整備に充てられた。二〇一〇年に中国の名目国内総生産（ＧＤＰ）は日本を抜き、米国に次いで世界二位となる。その年度まで日本は四〇年間、世界第二位の経済大国であった[20]。

ＯＤＡには有償と無償がある。日本がこれまで一五兆円をＯＤＡに費やしたのは、太平洋戦争の賠償という意味もあった。また、貧困なアジア諸国の共産主義化を恐れる米国からの勧めもあったようだ。

しかしＯＤＡには、与えっぱなしではないという側面もあった。例えば日本がＡ国にＯＤＡで鉄道を建設すると仮定する。Ａ国には鉄道建設の技術がないので、鉄道建設の技術をもった日本企業が、その建設を請負って、それが正しく建設されたか審査する専門家や、鉄道を維持する部品や技術者を、ずっと日本が供給することになる。それで結局、利益は日本に返ってくるのだ。

だが、近年ではそれが問題となって、国際入札が行われるようになった。

次に、別の問題が起きた。例えば日本がＢ国に折角、出資したのに、入札でドイツの技師がトンネルを建設し、Ｂ国の感謝はドイツに向けられてしまう。それまでその必要性を発掘し、提案に纏めた日本の商社（コンサルタント）の労苦は忘れ去られてしまう。

さらに巨額のＯＤＡは被援助国の高官への賄賂や、日本の政治家への献金になっているという疑惑もある。なお、国際協力はＯＤＡだけでなくＮＰＯ、法人、個人などが実施している。

(20)『読売新聞』二〇一二年九月四日。

◆個人識別

私も国際協力のごく小さな一翼を担ったことがある。

ＮＨＫで一九六六年ごろから毎年、東南アジアから十数人のディレクター研修生を集めて短期集中のテレビ番組の演出研修をした。私は一九六二年から一年間ニューヨーク大学でテレビ番組制作のコースを学んでいたので、それを応用して研修計画を作った。放送研修所が新人研修用のスタジオや設備を持っていたので、そこを使った。

研修が始まる前夜は研修生の顔写真と略歴を暗記した。翌朝、スタジオの入口で待ち「おはよう。ムハメッドさん！」のように初対面から名前を呼んで挨拶した。

時には人間違えや、発音を直されたが、そこで笑いも起き、和やかに研修を始められた。

◆地震！

研修生はラジオ出身者が多く、音声の扱いは問題なかったが映像は初めてで戸惑いを見せた。年度が進むと、次第に地域も広がりアフリカや中南米からも研修生を受け入れるようになった。その中にメキシコ陸軍中尉で通信隊のペレラさんという方が記憶に残る。メキシコは政権の方針で、マスコミも軍が掌握していたのであろう。

スタジオにみんなを集めて段取りを説明している最中に、地震が起きた。天井に吊られた照明器具が揺れて不気味な音を立て、地震を経験したことのない研修生たちを青ざめさせた。私が「ペレラさん、彼らをライトの下から安全な場所へ」というと、彼は起立し「イエス・サー」と返事をして、研修生を安全な場所へ誘導してくれた。キビキビした指揮ぶり、さすが将校だと感心した。

◆一九八一年　マレーシア

ユネスコ東南アジア事務所が主催して、一九八一年にマレーシアの首都クアラルンプールでアジア諸国のディレクターの企画研修が開かれた。インド、マレーシア、韓国、日本から話題提供者（リソースパーソン）が一人ずつ招かれて発表と演習の指導に当たる。研修生はパーチシパンツと呼び、それぞれ「教師と学習者」という上下関係をぼかしていた。

日本からは放送文化研究所員だった私が一〇日間ほど派遣された。今回は番組を現場で制作するのではなく、自然地理と人文地理の二条件下の架空の国で、どのような番組を企画編成すべきか、が課題だった。広間で話題提供者一人に数人の研修生が配置され、それぞれ課題解決に答えをだすのだ。始まるとインドの講師は、滔々と自説を参加者に聞かせている。韓国の講師は教育省の人らしく銘々の考えを聞いてまとめる様子だ。

私は和光学園中学生時代に身につけた調べ学習を思い出した。四人の研修生のそれぞれに興味にあったテーマを見つけさせた。例えば砂漠とオアシス、都会と農村の住民向けにどのような番組を何時に放送するかである。

四人は資料室へ行って図鑑を広げ、絵やグラフを描いた。最終報告はパキスタンからの研修生がタイプライターで鮮やかな英語の発表文を書いた。

私は各人の話を聞いて調整し、さらに調べる課題を助言するだけだった。

発表会はまず三人の話題提供者がそれぞれの班の案を纏めて講演した。最後が私の班の順番だった。私は折角、マレーシアまで来たのだからと、四人にそれぞれに時間を与えて順番に絵などを使って発表させた。休み時間に他班のスリランカの年配の男性が近づいてきて「あなたはずいぶんユニークな学校で学んだのでしょう。私自身は元教員だったから、そうと判るよ」と言った。

◆一九九三年　インド

この年、私は出来たばかりの私立大学の教員になった。放送文研究所時代に知り合った、在米インド人研究者のアグラワル博士がインドに帰国途中に東京に立ち寄った。私は彼の著作『SITE＝インドにおける衛星の効果研究』（図5）を日本に紹介していたので、仲良くなった。

やがてアグラワル博士が、グジャラット州アーメダバードに新しい大学院を立ち上げることになり、日本からも客員を呼びたいので、短期でもいいから来いと私に誘いが来た。

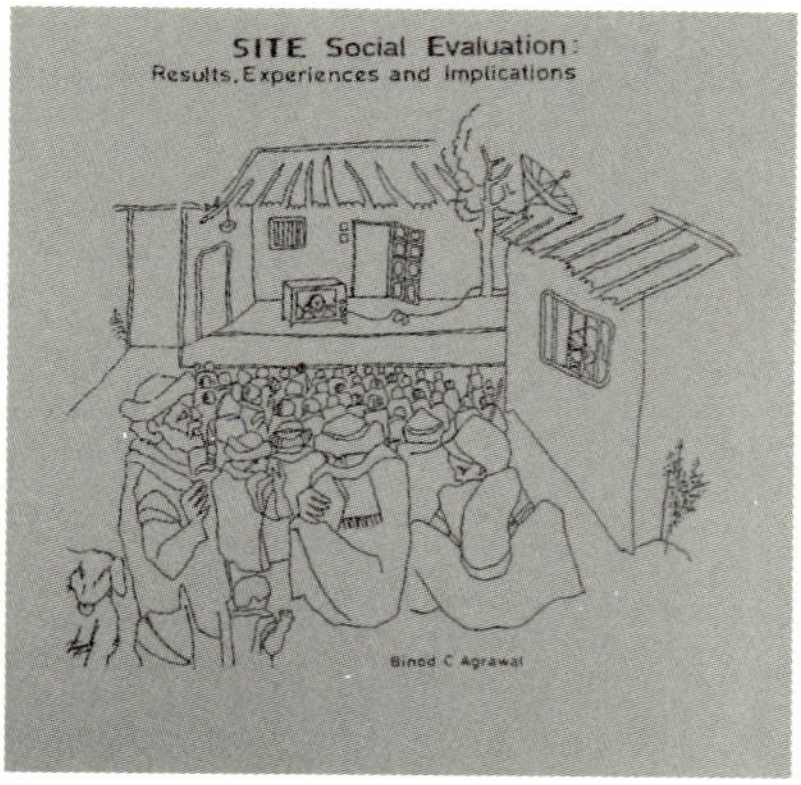

図5　インドの衛星放送を見る多数の人々、博士の著書『SITE』の表紙

私はムンバイ（旧ボンベイ）が調査中の笠戸丸の寄港地のひとつなので現地を見たかった。アグラワル博士は影響力があり、現地の国立芸大やニューデリーの視聴覚教育センターで、私が集中講義をできるように手配してくれていた。これで何日かインド各地で滞在できる。

大学院はまだ院生が揃わず、講義が開講できない。そこで地元の国立デザイン大学でワークショップをした。アーメダバードはサリーの本場で、デザイン大学は染色や織物の美術学科が創設され、次に写真やテレビの学科も増設されていた。

なんとなく日本大学芸術学部を思わせた。

学生の出すリポートは、縦長の細長い紙で左上に穴を開け、紐で閉じて金具で留めてある。これは英国の公文書の形式だ。ここは雨の少ない地域だが、私が着いてまもなく記録的な豪雨が毎日続いた。ホテルの一階は床上浸水し、大型バスが助けに迎えに来た（**写真16**）。

バスの屋根の上にびしょ濡れの少年がいて、排気管からくるゴムホースを捧げ持っている。これはエンジンに水が入らない工夫だ。

大学で講義していると、小山のように猿の軍団が避難してきて階段室を占拠、学生は怖がって通れない。窓の外は消防ホースで水を掛けたように雨水が叩きつける。日本でも経験したことのない大雨だった。

土日はお休みなので、ムンバイへ行き、英国王夫妻が上陸した記念の

写真16　アーメダバードの大雨洪水

立派な城門風建築の「インド門」を海岸で見た。

笠戸丸が寄港したムンバイは、しょせん大きな港町で世界中の船が寄港する。この日は沖合に船の影は一隻もなく、はるか遠くに航空母艦が見えた。第二次世界大戦末期に英国で建造されたマジェスティック型でインド海軍に譲渡されたヴィクラント（初代）だった。だが、望遠レンズをつけていなかったので撮影しなかった。あとでわかったことだが、結果としてはそれが良かった。

帰りのムンバイ空港では、手荷物を全部、建物前に並べて、乗客にめいめい拾ってゆかせる。それが面白くて、手荷物を前景に搭乗機を撮影した。

その途端に、私は下士官風の兵士に銃を向けられ勾留された。

後で聞くと、なんと戦時中の法律がまだ生きていて、飛行機や橋やトンネルは撮影禁止だったのだ。たぶん軍艦も撮影禁止だったことだろう。

なんとかインド政府の紋章がある招待状と封筒を見せて、釈放して貰った。

戻ってその顛末を話すと、アグラワル博士は大笑いした。私が兵士に封筒を示すところを、まるで見ていたような仕方話で教授たちに何回もやってみせていた。

◆二〇〇二年　ペルー

ペルーは、都会地を除けばアンデス山地と砂漠・そしてアマゾン川の源流になる大森林からなっている。アンデス山地には小学校が点在するが、中学校はない。住民はインディオで貧困だ。不満はゲリラ活動になって現れる。

一九九六年には左翼ゲリラのトゥパク・アマル革命派がリマの日本大使館を襲う事件が起きた。

フジモリ大統領は日本や欧米各国から援助を受けて、通信衛星による遠隔中学校教育を計画した。これは小学校の建物と小学校教師を活用し、テレビで中学校の教科を総て教育しようというものである。


山の中では電源がないから、大きな太陽電池とバッテリーを備え、生徒はテレビを見た後、テキストと問題集で回答を書き、先生は配布された正解表で採点する。

その学習効果を日本教育メディア学会の会員が調査することになった。ペルーに私は大いに関心があった。ブラジルに家族移民が始まる以前からペルーには相当数の日本人移民が送られて道路や鉄道工事に従事していた。その移民を輸送したのが前述の笠戸丸であった。

NHKのOBで学会員の赤堀正宜氏に誘われ、私は二つ返事でペルーにいった。

アンデス山脈は海抜四、〇〇〇メートルを越す大山脈である。調査地はペルー北部のピウラという山の中の町を基地にして数ケ所の遠隔中学校を訪問する。

ピウラまでの道路の酷さにまず驚いた。車は急峻な山腹をZ字型に削りこんだ道路を、喘ぎ喘ぎ登ってゆく。一木一草もない壁が左側、右側は千尋の谷で遥か下にさっき通過した道路が小さく見える。見上げれば雪を頂いた山脈が見える。赤道直下のエクアドルが近い地域だが、それほど山が高いのだ（**次頁写真17**）。辛うじて二車線の路肩にはずらりと十字架が並んでいる。はじめ「ガードレールだとしたら途切れがちだ」とよく見たら転落した人を追悼しているのだ。

　さらに山道に入ると左の崖が崩れて右手の谷に落ち込んでいる。そこは道路も削られて、一車線がやっとだ。乗客は全員降りて徒歩で削られたところを通過し、やがて車が慎重に残った路面を上ってくる。

　高地は太陽がものすごく暑い。

　そして空気が薄い。調査隊員が二人、高山病で気分を悪くした。宿舎で寝かせていると運転手がクスノキの葉のようないい匂いのする枝を一〇本ほどベッドの周りに置いて病人を治療した。『指輪物語』で勇者が死にかけと「王の樹」の枝をその周りに置いて呼吸を回復させる話がある。それを思い出した。

　後日ペルー人の女性にその話をしたら、彼女も『指輪物語』を愛読していて「王の樹」療法だと同意してくれた。

　ペルーでは文化摩擦は経験しなかった。むしろリマの教育省から来た視学官（スペイン系）と現地の教師（インディオ）の間に不信感があり、調査が進まないことがあった。地元の教育長も視察に来た。防弾チョッキを着て、大きなピストルを持った護衛を彼は伴ってきた。町長、財務長と教育長はゲリラが誘拐の対象にするのだそうだ。私達の車もフロントガラスに弾痕か小石の跡があり、蜘蛛の巣状にひび割れが拡がっていた。

写真17　ピウラへの道路

残念だったのは、この後フジモリ政権が崩壊し、効果を上げ始めていた遠隔教育が中断し、各国の援助は無駄になってしまったことだ。

◆二〇〇七年　ベトナム

二〇〇七～二〇〇八年代、大学の春夏冬の休みを利用してベトナムで教育番組の効果調査をした。ODAは援助がいかに効果を上げたか証明することを、コンサルタントに要求する。といっても作ったばかりの教育番組が直ぐ効果を上げるかというとその証明は難しい。

実際には「技術移転」といってベトナムの調査局に、私の実験調査方法を示して実施させるのである。

調査局は共産党の一部局で、スタッフは社会調査を経験していたが、教育テレビ番組の実験的研究は未経験だった。私は放送研究所や大学、学会でいくつかの技法を実際に試していた。

初日、私のホテルに先方の調査局員が四人ほど訪ねてきた。四人の中には目付役みたいな調査の専門家でないらしい人もいた。初の顔あわせは、なんとなく緊張がある。まあ、おやつでも食べながら、と私はビスケットやキャンデーの袋を開けた。そしてA４のコピー用紙を手早く折って長方形の箱を作り、菓子を盛った。

それまで調査の概論をつまらなそうに聞いていた目付役が、手品でも見たようにパッと顔を輝かせ、「ちょっと今の箱の作り方を教えてください」。他の三人も「私も」「僕も」と言う。

そこで各自にコピー用紙を配り、折り紙教室が始まった。目付役が真っ先に私の真似をして折り始めた。

うまく箱状に開けない不器用な人もいて笑いが起こる。折り紙のお陰で「まず習おう」という姿勢が彼らの中に生まれた。その後、目付役はもう来なくなった。

◆外国で

東京水産大学出身、日本水産で漁工船や遠洋漁船の経験が豊富な林英一氏は、国際協力でアジア、アフリカに水産技術の指導にいった。その時、ペンギンの折り紙を学習者に見せて折り方を教え、まず空気を和らげるそうである。

国際協力の現場では名刺の肩書はあまり役立たない。個人の人柄、知識、力量が問われるのだ。

11　笠戸丸異聞

今回は、笠戸丸調査の取材控から、例えば、ある人のさりげない一言に注目すると思いがけない物語に出会えたことを紹介する。

拙著『笠戸丸から見た日本』には、以下の物語はほぼ省略されている。情報の出典は、主に笠戸丸と第七五号海防艦乗組員による。

◆一九四四年夏

当時、まだ中立国だったソ連（現ロシア）領のカムチャッカには日魯漁業の缶詰工場や塩蔵工場があった。日露戦争で日本は帝政ロシアから賠償金を得るかわりにカムチャッカの沿岸で漁業を営む権利を得た。

太平洋戦争も二年半経った一九四四年夏、戦況はサイパン島を米軍に奪われるなど、日本の敗色が明らかになった。

カムチャッカでは日魯漁業が、作業員を大幅に減らし、悲壮な覚悟で缶詰三五万函と塩ザケ八〇〇〇函を生産した。すでに千島列島は米潜水艦と飛行機の作戦区域で、日本の艦船は次々に撃沈されていた。かろうじて作業員は函館に戻ることができたが、大量の水産製品は置き去りにされた。

一九四五年になると日本国内では動物性蛋白源の食品（当時は魚）が激減した。このため軍部はカムチャッカに残された水産物の持ち帰りを水産会社に要請した。太平洋戦争が終わる一ケ月前の一九四五年七月十五日の小樽に笠戸丸、信濃丸、山東丸、第二龍寶丸の四隻の貨物船が集合した。一隻でも帰ってくれれば上出来だと軍部はいう。

これらの船の出港より早く米軍機が来襲した。

小樽港内の第七五号海防艦（**写真18**）などから防御砲火が打ち上げられる。第七五号海防艦の艦長は飯村忠彦海軍少佐（海軍兵学校六五期）だった。当時三〇歳、すでに南太平洋で激戦を経験している。

第七五号海防艦は、笠戸丸と第二龍寶丸を第五七号海防艦とともに護衛し、七月二五日に小樽出港し、カムチャッカに向かった。他の二隻、信濃丸と山東丸は損傷のため残留した。貨物船と海防艦各二隻は、警戒航行で八月二日にカムチャ西岸に着いた（**図6**）。午前七時から午後六時まで連続作業で笠戸丸はサケ缶詰二二〇〇函、塩ザケ二一〇〇函を搭載した。

八月九日に抜錨し、帰国寸前、ソ連は日本に宣戦を布

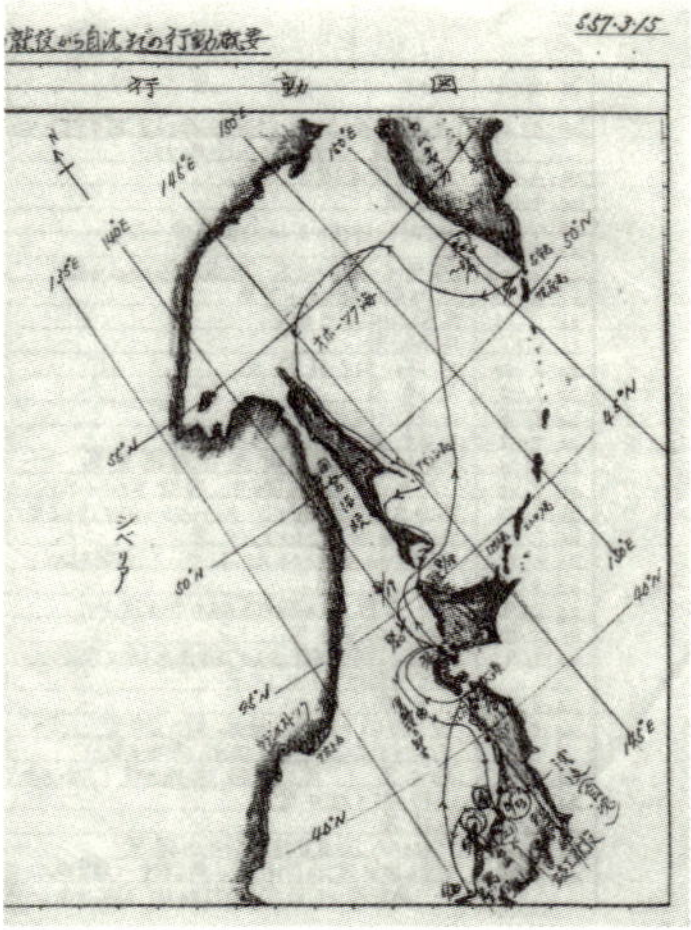

図6　笠戸丸の船団航路

写真18　75号と同型の海防艦

告、飛行艇の爆撃で笠戸丸は沈没、第二龍寶丸は拿捕された。

◆暗夜の波音

その頃、第七五号海防艦は公海で待機中、暗号電報でソ連開戦を知る。高速力で笠戸丸の収容に向かった。だが、すでに暗夜で現場のソ連領海に入ると波が砕ける音がする。

飯村海軍少佐はソ連魚雷艇の襲撃を予期して備砲と機銃を波音に向け、探照灯を点けた。もし魚雷艇がいたら初弾で撃沈するのだ。

光芒の先はマストや煙突を海上に突き出した笠戸丸の無残な姿だった。波音は甲板に山と積まれた缶詰の木箱に波が砕ける音だった。

私は五〇隻以上の海防艦の戦歴を調べ、笠戸丸を護衛した海防艦は第七五号であると突き止めた。そして、その海防艦長が飯村忠彦海軍少佐で、戦後は海上自衛隊で海将補となり、退官後は医療機器の会社オムロンに勤めていると知った。その会社は東京港区の愛宕山のそばで、飯村氏はよく愛宕山に「山登り」されるという。

私も愛宕山の上にあった放送文化研究所勤務で、すぐお目にかかることができた。

◆言葉の問題

飯村氏から「一九四五年八月九日二四時に笠戸丸を見たよ」と聞いた私は困惑した。なぜなら船員から「九日昼に笠戸丸は沈没」と聞かされていたからだ。だが海には干潮ということがあるから、沈没ということばに迷わされて沈んだままと思ってはいけないのだ。

◆レーダーとテレビ

放送文化研究所の一部は放送博物館で初期のブラウン管式テレビ受像機が展示してあった。飯村氏は「私はレーダーを研究していたので、戦後は測定器用のブラウン管でNHKテレビの試験放送をみた」と漏らされた。

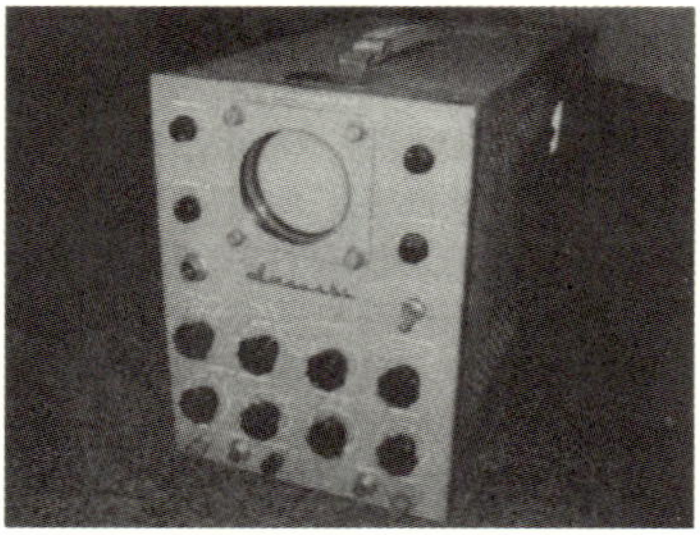

写真19　測定器用ブラウン管

測定器用のブラウン管（**写真19**）は、直径八センチくらいで緑色の画面に白い線画が映る程度だ。飯村氏は「試験番組は漫画で、青虫を助けた小人が、蝶になった青虫に恩返しされる話だった」と回顧する。試験放送は、毎日同じ番組を放送する。飯村氏は毎日、試作受像機を調整していたので漫画の筋を暗記してしまったそうだ。だが漫画といっても四コマ漫画から紙芝居、アニメまである。

私は、放送史に興味があったのでNHK技術研究所で試験放送を担当した大先輩の栗田稔・元技師に電話した。

「ああ、アニメの『小人と青虫』だね。一九五一年五月一〇日に八万一五五〇円で購入しました」と値段まで即答された。

モノクロのアニメ映画はコントラストが明瞭で「抜けが良い」ので採

用された。実験放送は反復するので、「子供が見て優しい気持ちになるのを選んだ」と栗田技師は説明する。

『小人と青虫』は日本動画社が一九五〇年に製作した劇場用十七分の三五ミリ映画だった。調べると東映動画にプリントが残っていた。

数日後、飯村氏と東映の試写室へ向かった。試写が始まると「ああ、これだ。間違いない」と飯村氏。

アニメはセルロイドに描かれた絵を何枚も重ねて遠近感を出していた。一秒当たりのコマ数も多く、細かく動く本格的なフルアニメであった。

一方、一九七〇年代のテレビ用に量産されたアニメは一秒あたりのコマ数を減らし、口だけパクパク動かすリミテッド・アニメだった。

演出者は古沢秀雄氏だった。

狭山市の古沢氏のお宅に伺うと「何もない時の撮影で新宿の高校の教室で撮った。戦後の荒んだ子供に夢を与えたかった」と古沢氏は語る。

飯村氏の幼い娘さんや、栗田家の七歳の息子さんは、この映画を繰り返し見たがり、終わりには涙を浮かべていたという。

原画は若き日の森康二氏の初仕事で後日、森氏は東映動画に移籍、名作『白蛇伝』に参加した。

ところで『小人と青虫』の原作物語は誰が書いたのだろう。私の質問に古沢氏は書棚から一冊の本を抜き出した。

山本善次郎の『漫画映画とともに』（私家本）に大意「『小人と青虫』は脚本家の松崎与志人氏が一編の詩をもとに台本化した」とあった。「その詩は松崎氏の友人が手帳に書きつけていて、その手帳は、その友人が戦死した時、軍服のポケットから見つかった」とあった。

四隻行って一隻戻れば良いという計算が通用した戦争、そして優れた才能を持ちながらも、虚しく生命を終える青年を生むのが戦争だ。

12　笠戸丸異聞（続）

◆若葉の香り

それは一九八七年五月の風が香る、気持ちのいい昼だった。愛宕山の研究所での昼休み、私は玄関の外に置かれたベンチで本を読んでいると、先輩の岡村恒昭さんが「何を読んでるの？」と声を掛けた。

それは樺太の終戦記録で、私は太平洋戦争末期に北太平洋に消えた笠戸丸の消息がないか探していると説明した。

すると岡村さんは「笠戸丸？　私はそれに乗っていた諜報将校を知っているよ」と、ぼそっと話した。後日、岡村さんから詳しい話を聞いた。

それは終戦後、岡村さんが海上保安庁（一九四八年創設）の巡視船乗組員の時の話だ。岡村さんは陸軍幼年学校生で終戦となり、東京外語（現・東京外国語大学）でロシア語を専攻、小樽の第一管区海上保安本部の海上保安官になった。

冷戦下、北海道の漁船の中にはレポ船としてソ連の領海で漁撈をする見返りに日本の新聞や防衛関係の情報を提供する船があった。その情報とは、目撃した米軍機の型などで、だれでも見られる程度のものだ。別に軍事機密ではない。

一方、北海道の警備当局や米軍情報部では、ソ連の諜報工作を警戒していた。左翼によるという白鳥警部補射殺事件、ソ連スパイの関三次郎事件などが起きていた。海上保安庁はソ連領海で捕まった後、釈放された密漁漁船員から日本人抑留者の情報を集めていた。ソ連領海とか、密漁とかいうのはソ連の実効支配が基準だ。ソ連領からの抑留者引揚げは一九五〇年の信濃丸舞鶴入港でいったん中断した。だがソ連にはまだ多くの日本人抑留者がいるはずだった。

岡村さんは一九五二年夏、ソ連から釈放された第2・八紘丸乗組員の事情聴取をしていた。同船は、一九五一年にソ連領海でサケの密漁中、ソ連哨戒機と遭遇した。船体にコールタールを塗り、岩に化け、停船していたが、ソ連側は、そこに岩がないと知っていた。やがてソ連の監視艇が来て漁船は没収、八名の船員はカムチャッカに二年間収監され、帰国後は海上保安庁に留められていた(21)。

◆帰国船員の聴取

岡村さんは、漁船員にソ連獄舎内の日本人の消息を訊ねた。

休憩時間になり、手作りの味噌汁を振る舞うと、それまで緊張していた漁船員は涙を流した。ふと若い漁船員が「ペテロパウリフスクの監獄ですごいものを見た」と言い出した。「獄舎の二段寝台の下側にいて朝日がさしてくる。すると上の寝台の裏側に彫られた日本文が見えてきました」。それは以下の遺書だった。

「草莽（そうもう）の臣陸軍少尉森下康平こと当地偵諜の任を帯び到りたるも、敗戦の混乱に伴い事

(21)『毎日新聞』一九五三年七月七日付に八紘丸帰国記事がある。

内より露見する処となり捕らわれて本牢に座す。身が加州の土とならんは悔いなきも伝え聞く皇国の運命は悲憤やるかたなし。七生報国を誓い皇国の再建を祈念す。昭和二一年二月二八日入る。同年五月二八日出ず。

郷土を憶うは邪念なれど身は岐阜県高山市城山が出身にて父母あり。人あらば伝えらむことを」。右の文で加州とはカムチャッカ、昭和二一年は一九四六年である。以下、八名の漁船員は高等小学校卒。遺書をぜひ日本に伝えなければと暗記した。難しい字は運動場で土の上に棒で描いて覚えた。だが翌日には全部忘れている。

ついに監視所から紙と鉛筆を盗み出して全文を筆写した。軍人を父に持つ岡村さんは、森下少尉に興味を持ち、高山市に連絡した。やがて「森下少尉（**写真20**）は一九四五年に情報将校として笠戸丸に変名で乗船、ソ連開戦により八年間を戦犯として過した。一九五二年十二月一日にスターリン恩赦で舞鶴に帰国した」とわかった。

岡村さんは、その後、ＮＨＫ国際局に就職、さらに研究所員となって私と出会った。その時、岡村さんは上記の森下の遺書をスラスラと暗唱された。

写真20　森下康平陸軍少尉

◆面接取材

私は、森下氏に名古屋のご自宅で数回取材した。以下はそのまとめである。

森下氏は一九二一年生まれ、高山市内の中学校を卒業後、帝室林野局に勤務した。一九四二年に陸軍幹部候補生で満州四平街にあった戦車隊（司馬遼太郎も所属）に入る。さらに中野学校で情報将校となって、千島に渡った。

四名の情報将校が変名で司厨部員などになり、笠戸丸と第二龍寶丸に分乗した。任務はソ連の対日戦備状況偵察と日本軍が反攻したときの兵用地図の作成である。

笠戸丸は目的地のウトカに着き、水深十六メートルの沖合に投錨した。

森下氏は食事配布係で上陸、偽装したカメラのライカ二台、コンタックス一台を適宜配置して砂浜や窪地、植物を撮影した。これを方眼地図に当てはめて立体図に作成する。

砂浜の堅さは戦車を揚陸した後、すぐ走れるかを判断する資料だ。

全ての任務を終えて、帰国・出発という時、ソ連兵が乗り込んできた。カメラや地図は紐付きのゴム袋に入れ、船の手摺に結付けて海中に沈めた。

乗り込んできたのは内務人民委員部の海岸警備隊で大尉と少尉、海軍兵曹長が各一名、銃剣つき小銃五丁と自動小銃四丁で武装した兵士の九名だった。

ソ連兵は無線機をハンマーで破壊し、「時間がない」と急かして全員（病人一名は残す）をボートで上陸させた。ソ連兵は幹部船員と普通船員を別々に離して座らせて指揮系統を分断した。やがてべ

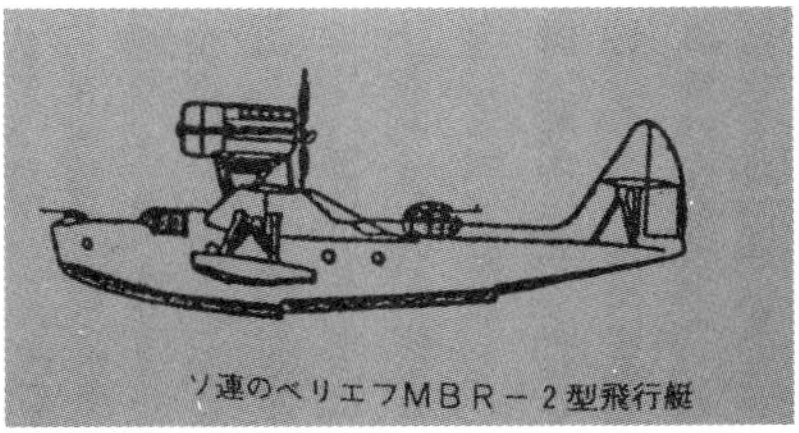

図7　ベリエフＭＢＲ飛行艇

写真21　小坂谷寛斌操舵手

写真22　小坂谷氏が語る空襲の状況

写真23　森下氏が手で示す空襲の状況

リエフＭＢＲ飛行艇（**図7**）二機とＵ一二型戦闘機四機が飛来、旋回して笠戸丸に爆弾を投下、同船は沈没した。

私は、福井市で笠戸丸操舵手の小坂谷氏を取材した（**写真21と写真22**）。小坂谷氏はソ連機の旋回や急降下の様子を手で示しつつ話した。その手の動きと速さは別の日に名古屋で取材した森下氏の手ぶりと一致した（**写真23**）。

◆缶詰ラベル用紙に……

笠戸丸がマストの先を残して眠るように沈没すると、翌日、一同は移動を命じられた。六時間後、夕闇。森下氏は衰弱した少年船員二名を支えて歩きつつ「これは前の晩に見た夢と同じだ」と思い返した。

到着した収容所は笠戸丸船員用に新築されていた。小樽出港前からソ連は情報を得ていたらしい。森下氏が情報将校であることもソ連に知られ、カムチャッカの軍事法廷では、自ら銃殺を希望した。漁船員が見た遺書は、拾った釘で寝台に彫った。

その後、森下氏はシベリアでも北極圏内の収容所に送られた。

重労働の合間に、建設機械の運転資格などをとり、肉体労働よりも技術職的な仕事に移行した。元は戦車兵だったからトラクターの運転などは、お手の物だったかもしれない。

情報将校の観察は細かく、港で見た米国援助の兵器の内容や収容所の建物内部の配置も図入りで帰国後、描かれていた。

軍事法廷での裁判記録は日本の缶詰ラベル用紙の裏側に書かれていたという。戦勝国ソ連は物資不足だった。

◆森林調査

生還した森下は、皇室の御料林で働いた経験をいかし、山林調査業に就いた。山林の特定区域に何種類の樹木が何本あるから一ヘクタールの土地価格はいくらであると評価するのだ。

山を歩き尽くすのは無理だから航空写真を見て樹木の種類や高さを判定する。山奥だと樹齢を重ねた立派な樹木がそびえていても、山林の持ち主は知らないことがあるそうだ。

私もそうした航空写真を見たが、全く読み取れなかった。森下氏はすでに高齢だった。だが眼光が鋭く、情報将校だった昔を偲ばせた。

◆一言の重要さ

前述の飯村艦長の海防艦七五号は、笠戸丸の上部構造物を見た後、無事に帰航し舞鶴軍港を目指した。その途中で敗戦を知る。血の気がまだ多かった飯村海軍少佐は、乗組員一同と諮って「連合軍に引き渡すくらいなら自沈しよう」と決めた。部下全員は上陸させ、砲術長の木村特務中尉（下士官から士官となったベテラン）と二人で新潟県糸魚川市の沖でキングストン弁を開け、海水をいれて沈没させた。実際にはなかなか沈没せず、ハンマーで舷側の鉄板を叩いたが、容易に破れず大いに焦ったという。

私は上越市の大学に転職した後、しばしば漁村の能生町へ行った。素晴らしくおいしい魚料理を安く食べさせてくれる店があった。そこで漁師が沖には軍艦が沈んでいて漁礁のようになっている。しかし、軍艦はでっぱりが多くて漁網が破損するという話を聞いた。糸魚川と能生両地点の経線間の距離は十二キロある。そして能生町は糸魚川市の中の町だ。その漁礁が海防艦七五号の可能性は否定できない。

取材で人と会話をしていると、余白のような一言がある。あるいは別れ際に「そういえば○○が……」のように追伸みたいな話を聞く。

同席した記者のなかには、本筋を追うあまり、そうした一言を聞き逃す人がいる。実にもったいない。その場では、もちろん枝葉は捨てざるを得ないが、そうした一言は記憶に留め、後日、堀下げてみると結構、面白い話に出会う。

そこから、自分の世界が広がってゆくのだ。

13 コンテナ船に乗る

◆体験航海

二〇〇一年九月上旬、私は、東京港のコンテナターミナルで商船三井の便宜置籍船のＭＯＬ Ｒｈｉｎｅ（以下、本船）に乗り込んだ。会計法上の便宜から本船は国籍をパナマにしている。コールサインは「３ＦＢＵ５」だ。日本籍船なら「Ｊ」ではじまる。

目的としては、移民船だった笠戸丸が一九〇八年にブラジルへ行った航路を追体験したかった。理由は笠戸丸が台湾海峡を通過したときの海の様子を知りたかったからだ。それまでの外航経験は、新潟・ウラジオスクと上海・長崎である。船客としてだから、船橋や海員居住区は見ていない。瀬戸内海航路、青函連絡船や門司・東京間のフェリーは一泊二日の内航だから、三六〇度の海を何日も見た経験はない。また南の海と空も知らなかった。以下は、船で渡された本船の概要と

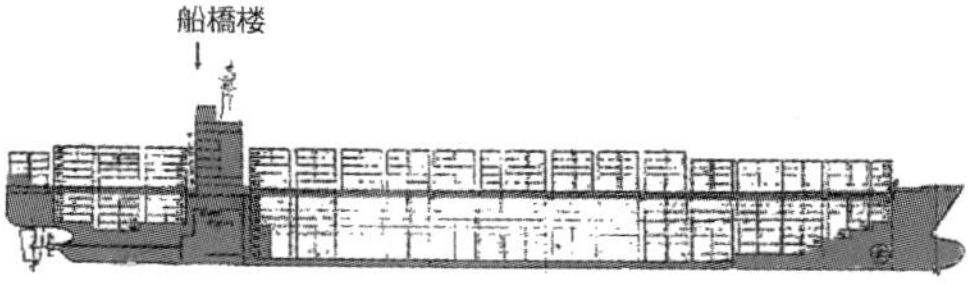

図8　コンテナ船のスケッチ

表　MOLRhine号の要目

全長	299.9メートル
最大幅	37.21メートル
型深さ	21.80メートル
喫水	13.03メートル
総トン数	60.133トン
積載コンテナ，20フィート型	4,743個
航海速力	23.50ノット
機関	59,600馬力
排気量	15,952リットル
一昼夜の燃料消費量	150トン
航続力	25,800浬
舵の面積	57.5平方メートル
乗組員	最大30人

聞き書きである。本船はコンテナ船で、東京駅の正面駅舎に相当する大きさだ（**前頁図8**）。要目は**表**を参照されたい。

◆**船橋楼の構造**

上甲板から説明すると、上甲板上が一階で、ここは空間だ。二階Aデッキ（以下デッキを省略）にはオフィサーとも呼ばれる職員の食堂と喫煙室がある。普通船員の食堂と厨房、冷蔵庫、食料品庫もある。缶詰、びん詰も搭載している。**図9**の四階Cは普通船員の居住区で原則として窓がある個室で

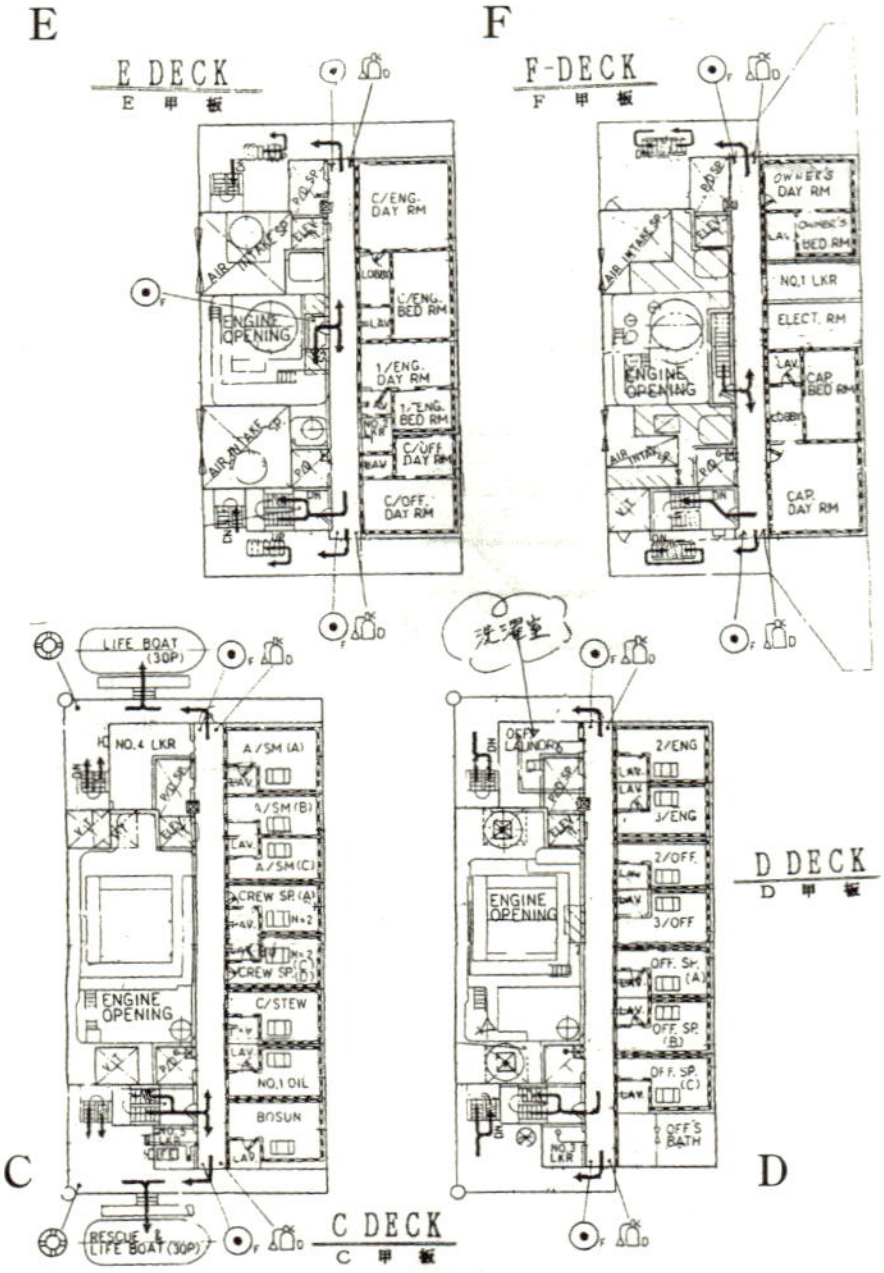

図9　居住区C〜Fの平面図

トイレは二室共用である。さらに洗濯室や医務室がある。船医はいない。五階Dが職員の二〜三等航海士、二〜四等機関士と通信長の居室だ。六階Eは機関長と一等航海士、一等機関士の居室でそれぞれ執務室がつく。七階Fは船長と船主の居室と執務室である。

私は船主の立派な船室をもらった。執務室は両袖のデスクがあり、トイレ付きだ。一番上が八階の船橋（ブリッジ）だ。船底

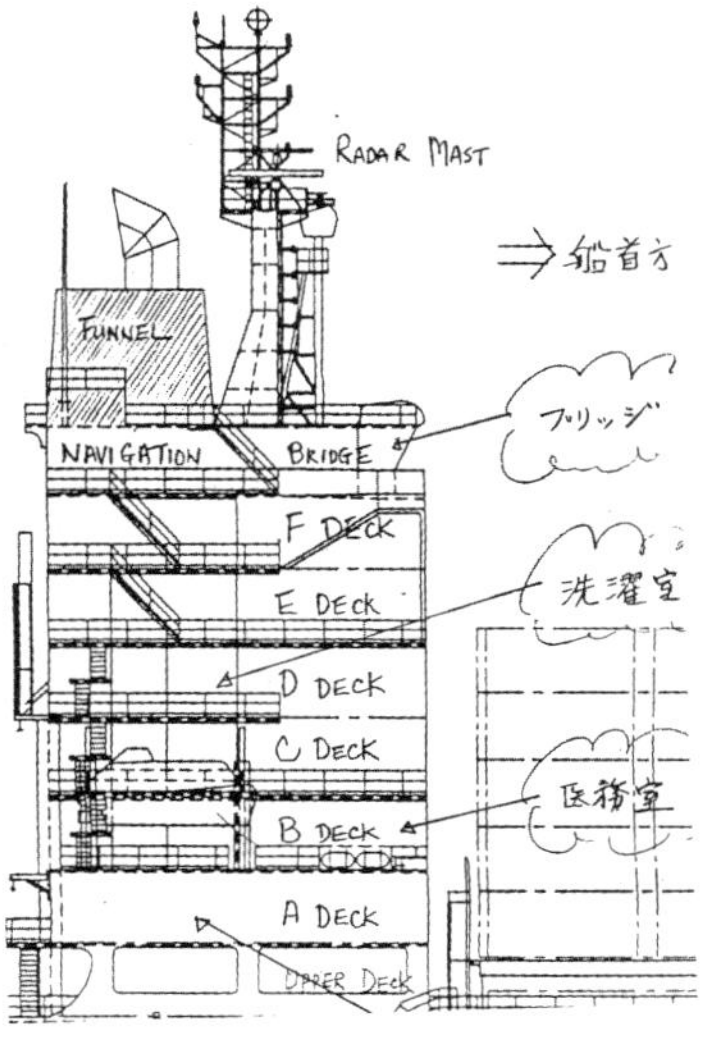

図10　船橋楼の側面図

から四四メートルあり、エレベーターが全階を連絡している。機関部の吸排気筒は全階を貫いて船橋の背後に立つ。煙突に当たるファンネルは排気塔を囲んで船会社のマークを描いた看板に過ぎない。喫水線からマストの先まででも四三メートルある（**図10**）。本船の職員は船長と機関長、通信長、航海士三人と機関士四人で小計一〇人。普通船員は、甲板長と甲板員五人、操機長、操機手二人、操機員一人で一〇人、さらに司厨長と司厨手、司厨員と実習生二人で総員二五人である。職員九人は日本人、通信長と普通船員は全員フィリピン人だ。

◆荷役

コンテナを積み込む場面は素人眼に面白い。コンテナを積んだトラックが所定の場所に止まると岸壁から船に積み込む役目のトランスファー・クレーンから「ロボットの手」が下りてくる。

地上の係員は「ロボットの手」がコンテナを掴んだと確認して合図すると、クレーンの高いアーム上の操作室で係がコンテナを宙吊りし、船のハッチの上に水平移動させる。甲板で荷役担当がクレーン上の操作室に合図してコンテナを船倉の中にぴったり降ろさせる。コンテナには別のコンテナと積み重なるように金具が付いている。時に嵐で船が大揺れすれば海へ転落するコンテナもあるそうだ。

◆ 一〜二日目

さて一日目。この日は夕方、本船に着くとすぐ船尾の八階建てのビルのような船橋楼に案内された。船長たちに挨拶してから、荷役の邪魔にならぬよう自室で、コンテナの積み込みを見る。目の下の船倉はいっぱいに開いていて、ビルの地下部分の建設現場を思わせる。

翌朝、気持ちよく目覚めて、薄暗い船橋に行くと出港準備が始まっていた。年配の水先人が、船橋に入ってくると、トランシーバーを手に船長とウィングに出てゆく。航海士は船尾で甲板員という。

やがてロープが次々に外され、機関の振動が手すりに感じられる。湾内はまだ、鳥も小舟も少ない。赤白の曳船に曳かれて、本船は岸壁から離れる。船首が港口の方に向き直ると微速前進が始まった。

H旗と日の丸がなびき、「浪路はるかに」の曲が頭に浮かぶ。

何時かロープから離れた曳船は本船と並行して走る。お台場を過ぎたところで、水先人が舷側の縄梯子で降りて曳船の甲板に立った。船長と手を振り合うと、曳船はすぐに、その場で一八〇度のターンをした。三六〇度も向きを変えられる推進器＝アジマススラスターがあるのだろう。

もう本船は、徐々に速力をあげ、浦賀水道に向かう。東京と千葉を結ぶ海底トンネルの出入口「海ほたる駐車場」も遠ざかる。

観音崎の上にそびえる戦没船員の慰霊碑が木立の中に白い三角定規を立てたように見えてくる。これは沈みゆく輸送船の船首を象徴している。

外洋に出ても本船はほとんど揺れない。傾斜計は二度以内だ。本船はすでに陸岸を遠く離れて紺碧の青天井の下、本船のテレグラフは「前進全速」、羅針盤は二二五度だ。索具が唸り、船腹を名残惜し気に白波が遠ざかってゆく。私は、昼間は船橋の隅にいた。居室では書き物をし、海を眺め、ウィングに出て潮風に当たる。だが、全速だと長く立っていられない。風速十二メートルの風に等しいためだ。陸なら傘をさせないような風圧だ。航海士は航海衛星で船位を記入している。今は、六分儀は使わない。

航跡は銀河のようにはるか後方まで続く。ウィングから二万メートル先の水平線まで全部海と空だ。やがて行く手の空を茜色、オレンジ色、黄色に染め上げて荘厳な夕焼け、船尾の方はもう暗夜の世界だ。

◆台湾海峡にて

笠戸丸に乗船し、移民監督だった水野龍の日記から笠戸丸の位置記録を読むと笠戸丸は一時期、謎の北上をしている。その位置記録を修正して本船の航路にあてはめてみると、やはり笠戸丸は南下し、台湾海峡を通過していた。水野龍の航海記録には誤記があると確認できた。笠戸丸の平均速力は一〇ノットであった。台湾海峡は台湾も中国本土も、さらに澎湖島さえも見えない広い海峡だった。ただ花束とも人形ともつかぬ漂流物があって、この辺りに人が住んでいると知らせる。

半球形のタンク数個を備えたＬＰＧタンカーと悠々と擦れ違う。航海士が「あれが爆発したら大変だ」と機関長に話していた。常温の空気に触れさせると危険だそうだ。航海士と甲板手の一組は双眼鏡で針路上を見張っている。舵輪は自動車のハンドルより小さく、操舵コンソールに取り付けてある。ときどきファクシミリが天気図やニュースを印刷し出す。

当直者を除く職員全員が、定時に集まって食事をする。司厨長は和洋中華、ラーメン、何でも作ってくれる。とてもおいしい。

一等航海士は十六～二〇時と四～八時の陽光の変化が激しい時を当直する。二〇～二四時と八～正午の時間は三等航海士、〇～四時と正午～十六時は二等航海士が当直だ。

船長は出入港以外、船橋につめるのは任意だが、三等航海士の当直時間は船長以下の目に入りやすい。

私が夜中に船橋に行くと二等航海士が真っ暗な中で前方の海を見ていた。さらに暗幕で覆われたレーダーの画面を調べて、海図に書き込んで忙しく働いている。と、隅の椅子に黙然と船長がいて驚かされた。気象図で台風が来るらしい。

いよいよ、時化を体験できそうだ。その前に一眠りすることにした。翌朝、海面はベタなぎである。一等航海士は「台風は避けたので、遠くに行ってしまいました」とあっさりいう。こうして時化に備えて針路変更など対策を船長が指揮する、興味深い場面を私は寝過ごしてしまった。

◆船内見学

航海中のある日、一等航海士にコンテナを積み重ねた上甲板を船首部近くまで案内していただいた。船橋楼から船首までずっとコンテナが五段ずつ積み上げてあった。

コンテナには冷凍型もあり、温度調節盤が付いていた。本船は標準コンテナだと四千七百個あまり＝総計六三九万二〇〇〇立方フィートを積む。明治期の笠戸丸なら一〇・五隻分に当たる。三〇人乗りの屋根付き救命艇が三階左右に各一隻積んである。さらにゴムボートも四隻あった。機関部も見た。機関の総排気量は二リットルの車なら八千台分だ。毎分五二回転、燃料は無補給でも地球を一・二周できる。全速力で航行中に、舵（八畳間にして四室半に相当する大きさ）を、できるだけ右に切ると一〇〇〇メートル先で九〇度曲がるのだそうだ。

◆星空

本船は、次第に南下して気温が上がる。行く手に真っ白な入道雲が水平線に立ち並び、嶺が刻々と形を変える。一つのもので、これほど大きなものはない。やがて陽が沈むと、満天の星があらわれる。漆黒の空に天の川が川底の砂粒まで煌めいている。東京では一等星くらいしか見られないが、ここではその一等星も見分けられないほど、星がお出ましだ。それでも目が慣れてくると、内地では地平線にあったサソリ座が、前方の宙天に胸もすくような大きなSの字を描く。海面も静かで、時には空一面の星を映しているように見える。私はハンドレールを握りしめ、思い切りのけぞって、この豪華な天体ショーを楽しんだ。

◆香港、深圳（シェンチェン）

香港はいかにもアジアの港という感じだ。行き交う船も親しみやすく、古く、そして数が多い。コンテナヤードは光の都だ。接岸すると、商人の男女が通路に店を開いて食べ物や雑貨を船員に売っている。上陸はできないし、荷役作業開始なので居室に籠る。本船は香港を出てすぐに香港の北にある深圳に接岸した。

赤茶けた崖地と広いコンテナヤードがある。深圳は北緯二二度三〇分、東経一一四度〇六分にあり、北京、上海、広州に次ぐ大都市だ。最近では一四〇〇万人の人口を抱え、シリコンバレーに相当する工業都市だそうだ。

◆九・一一事件

シンガポールに近づいた九月十二日の朝（現地時刻）、船橋で通信長、機関長らが話し合っている。ニューヨークの「世界貿易センターに飛行機が衝突し炎上、センターは崩壊した」とファックスにあった。同センターはニューヨークの名所だ。まさかと思った。だが、後日シンガポールでテレビ映像をみて、崩壊が事実と知った。本船に乗る二ケ月前に、私はボストンにいてＩＥＥＥ（米国電気電子学会）で上智大学名誉教授の佐藤源貞先生の助手として「戦時中の日本軍のレーダー」を発表した。そのあとワシントンの博物館へ行くので飛行機に乗った。その機は国防総省の横を掠めて着陸したので、危なさを感じた。事実、九月十一日には別のハイジャック機がボストンを発って国防総省に自爆攻撃をした。

◆最初の日英海戦

やがて本船はシンガポール海域に入る。私の船旅もここで終わる。連日好天だったが、この日は霧があり、気にかけていたビンタン島は見られなかった。この島の傍で一六〇五年十二月三〇日に、英国（イングランド）の探検船タイガー号と日本の海賊船が戦闘を交え、日本側は全滅、英国側もデービス船長が戦死、ほかにも死傷者を出し、日本に行くのを諦めた(22)。

日本船がタイやベトナムに派遣されていた十六世紀末から十七世紀初頭、日本人の海外発展は予想以上に盛んで、冒険心もあった。それが鎖国で抑圧され、日本人の海への無関心を誘発したのは残念だ。鎖国中でも海外の情報は確かに入ってきた。だが、本で読むのと、人が行って体験するのとでは大違いだ。食料、燃料を輸入に頼っている日本、その九割は船で運ばれてくる。だが、そうした船は多く本船のような便宜置籍船で、乗組員も二〇年前とは変わって全員外国人が多いという。国籍も乗組員も日本の日の丸船隊が七つの海に再びよみがえる日を夢見つつ、筆を置く。

(22) 拙稿「最初の日英海戦：一六〇五年、マレー沖」『英学史研究』第十六号、一九八三年、一三三～一四一頁。

14 放射能といのち

◆少年時代の記憶

太平洋戦争が日本の敗北で終わった一九四五年、その一〇月頃に私は小学校（当時は国民学校）四年生だった。母や姉とともに、疎開先だった父の故郷三重県菰野町を出て、京都で一泊、そこから山陽線を経由して父の任地の福岡に向かった。列車は復員兵や朝鮮半島に戻る人々で超満員、座席の背もたれに跨がり、網棚に摑まっている人もいた。鈍行列車は一夜明けて、割と大きな駅に着いた。しばらく停車するという。車窓を開けて驚いた。

駅としての構造物はもちろん、そこから数キロ先まで廃墟で、そこが広島だった。あたりは原爆が炸裂してから三ケ月未満で、ほとんど片付いていない。コンクリート製の建築物は爆風を受けた面と反対側の壁が吹っ飛んで、それと直角の面の壁が残っていた。それが数棟も、ちょうど手を少し離して合掌したように佇立していた。一瞬の猛烈な爆風が残した跡だった。

それから五ケ月、福岡に落ち着いた一家に姉の縁談が起きた。私も両親と、姉の挙式地の長崎を目指した。列車は山地を抜けて長崎市浦上地区を通る。そこが爆心地だ。窓の外に恐竜の骨格のようなグニャグニャの鉄骨がかなり長い間続いて見えた。

それは後で聞くと造船所の船型試験所の跡だった。そこには細長いプールのような水槽があって、模型の船を浮かべて走らせ、どのような船型が、特定の目的に適当かをテストするのだ。その上屋の屋根と壁が衝撃波で吹っ飛んで、鉄骨だけが捻くれて残っていたのだった。

◆一九四五年『亡びぬものを』

一九四五年八月九日、長崎に原爆が炸裂、それから六日して日本の無条件降伏が明らかになった。戦後の日本で、永井　隆（一九〇八～一九五一年）の著書が次々に出版された。『この子を残して』『長崎の鐘』などである。永井は、戦前の長崎医科大学（現・長崎大学医学部）出身で、卒業後、X線を扱う物理的療法科（以下、放射線科）に配属された。当時の病院は聴診器で診察する内科が花形で、新設の放射線科はなんだか怪しいと物置のような別棟に押し込められ、研究をしていた。

しかし、太平洋戦争が始まり、続々と青年が徴兵や工場労働者として動員される。肺結核は伝染性で治りにくい病気だった。永井らは、胸部の原寸大写真を撮影すると費用が掛かるとX線を蛍光板に当て、その画像をフィルムカメラで撮影する間接撮影法を採用して、これで大勢の診断を安価にできるようになった。

だが、戦時中にはフィルムさえも欠乏し、肉眼で見る透視診断法になる。

連日のX線室での透視診断勤務は、永井の内臓を蝕んで白血病と判明した。

余命幾ばくか、

病院長は「放射線科はこの大学の最重要部局です。どうか頑張って下さい」と永井に告げた。以前は「放射線科は日陰者」と罵った内科医師もいた、その内科出身の病院長の言葉に、永井は最後までやり抜くと決意する。

一九四五年八月九日、大学から七〇〇メートルの地に原爆が炸裂、永井は負傷、妻はロザリオを残して家もろとも灰になってしまう。

永井たちが苦心して蓄積した放射線関係の大量のデータも、次々に燃えてしまった。データを失うことが、どれほど悔しいか、わずかでも研究所に勤務した私には、痛切にわかる。

そこに被災しなかった各地の天主堂から鐘が鳴り響く。

「天地は亡びん。されど我が言葉は滅びざるべし」というイエスの言葉で永井の自伝小説『亡びぬものを』(23)は終わっている。

永井自身も妻の感化でカトリック信者になって、子供対象のスライド映写や演劇など奉仕活動をしていた。『亡びぬものを』はその後の私の生き方に大きな影響を与えた。

◆一九五四年　ビキニ環礁

和光学園中学・高校で「調べ学習」という新教育を受けた後、立教大学に進んだ。そこには聖公会の立派なチャペルがあり、青年会が社会奉仕活動をしていた。その仲間で親友だった尼崎君が二年生のとき白血病で急死した。一九五四年のことである。

アメリカはマーシャル諸島のビキニやエニウェトク環礁(**図8**)で一九四七年から一九五八年まで

(23) 永井　隆『亡びぬものを』長崎日々新聞社、一九四九年。(アルバ文庫、一九八六年版で入手可能)

六七回（一九五四年は六回）の原水爆実験を行い、ストロンチウムなどの放射能を含む塵が雨になって日本にも降った。理学部の研究室のガイガー計数管は放射線の量を三万カウントと測定していた。

尼崎君の白血病と放射能雨は因果関係があると私は信じていた。

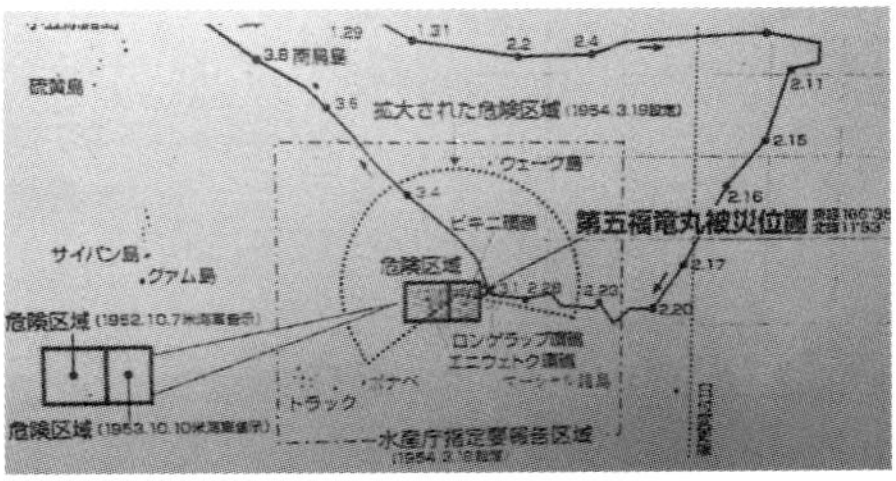

図8　原水爆実験場と第五福竜丸の航跡

◆マグロ漁船の被害

ビキニ環礁から二〇〇キロ以上離れて操業していた日本のマグロ漁船は一四二三隻という。さらに一〇隻以上の商船もいた。漁船や商船の多数が放射能を帯びた灰を浴び、その代表が静岡県焼津のマグロ延縄漁船の第五福竜丸（一四〇トン）である（**写真24**）。一九五四年三月一日午前六時四五分（現地時）当時、米国が設定していたビキニ環礁を囲む水爆実験の危険地帯の外で操業していた同船はこの航海最後の投網を終え、乗組員二三名は一休みしていた。すると西の空に強烈な閃光が広がった。「おお、西の空から太陽が上がった！」と、誰かが叫ぶ(24)。やがて真っ赤な火の玉が上がり、

写真24　第五福竜丸

(24) 藤丸徹「ビキニ水爆実験から五〇年」『海員』二〇〇四年四月号、八～一二頁。ちなみに米国は予想外の水爆の威力に気づき、その後、危険水域を拡大した。

きのこ雲の形になった。危険と見た漁撈長は揚網を命じたが、なかなか全部は上がらない。

そのうち甲板に足跡が残るほどの大量の灰が降ってきた。数時間後、乗組員に吐き気や脱毛など健康被害が現れた。同船は三月十四日に焼津に帰港した。

搭載してきたマグロは放射能で汚染されていると廃棄処分された。同船の久保山愛吉氏は六〇歳で亡くなった。

◆一九八三年　和光（学園）中学生

和光中学校の生徒たち六人は一九八三年に学園祭の研究発表に纏めようと第五福竜丸の冷凍士だった大石又七氏（一九三四年生まれ）を探し当て、面会を申し込んだ。

しかし、大石氏の口は固かった。いろいろあって、事情で被曝者であることを隠したかったのだ（同様の被爆漁船は、焼津や高知県下にもあり、漁獲物を廃棄した船は九九二隻になった。だが、政府は第五福竜丸だけに米国から二〇〇万ドルの見舞金を受け取って政治決着を計った。このため第五福竜丸の乗組員の多くは、やっかまれて焼津に住みにくくなり大石氏のように移転した。久保山氏以外の乗組員は発病したが、半年以内では死亡はしなかった（ちなみに米国はマーシャル諸島の住民二八六人に限って補償をした）。

だが、当時の第五福竜丸乗組員二〇名は物故されて三名が存命しているだけだった。

中学生の熱意は大石氏を動かした。取材にあたった中学生の中に全盲の高橋しのぶさんがいた。遠

写真25　模型を前に大石氏と和光中学生

洋マグロ漁船の実態は談話では理解させにくい。大石氏は、第五福竜丸の五〇分の一模型を半年かけて作った。高橋さんは立体模型に手を触れて勉強を進めた（**写真25**）。

大石氏は自分が亡くなった後でも、模型があれば第五福竜丸事件を後世に伝えられると思い立ち、さらに七隻の模型を作って原爆資料館などに寄付し、二〇二一年に亡くなるまで全国の学校で七〇〇〇回の講演をした[25]。高橋さんは特別支援学級の学校の教師となり、児童に第五福竜丸の話を伝えている。

◆一九八六年　チェルノブイリ

私は、笠戸丸の前身が帝政ロシア義勇艦隊のカザン号であるとみて、それを確認しようと、当時、ソ連圏ウクライナのオデーサを一九八五年八月に訪ねた。帝政ロシア時代から、その穀倉地帯だったウクライナのオデーサは黒海に面し、帝政ロシア唯一の不凍港である。市内にはエイゼンシュタイン監督が『戦艦ポチョムキン』を撮影した大きな階段（**写真26**）がある。

オデーサには明治時代にロシア義勇艦隊の基地があった。今も義

写真26　映画『戦艦ポチョムキン』を撮影した大階段

(25)「『福竜丸聞かせて』語る力に」『朝日新聞』二〇二一年三月二日付。

勇艦隊の海事博物館がある。訪ねてみると、まさしくカザンの一九〇三〜一九〇四年の航海予定表が見つかった。

残念だったのはオデーサからダーダネルス海峡を経て、アテネにゆく客船ドミトリー・ショスタコビッチ号が、私がオデーサに着く寸前に出港してしまったことだ。同船に乗船できていたらカザンが同海峡を通過するときの気分が書けた。インツーリストが不親切であるとは聞いていたが、これには困った。

日本に帰る飛行機はアテネ発で予約され、オデーサから日本に帰る便はない。そのうちに手持ちのお金もなくなるし、週末でインツーリストもホテルの係員も役に立たない。

最後の手段とキーウに列車で出た。

写真27　キーウで撮影中の私（左）

キーウは一説によるとニューヨーク市が都市計画のモデルにしたという立派な街である。第二次世界大戦中の対ドイツ戦闘の弾跡が残る建物があちこちにあった。ときどき警官に不審尋問される。面倒なので案内人と物陰に隠れるようにして弾痕を撮影した（**写真27**）。

ここでアテネまでの航空券を買った。飛行機はダーダネルス海峡を走るドミトリー・ショスタコビッチ号よりも早くアテネに着いた。

その翌一九八六年四月にキーウの北約八四キロのチェルノブイリで原子力発電所の爆発事故が起き、メルトダウンが発生した。消防関係者ら約三〇名が死亡した。放射能を帯びた塵が散らばり、その量は広島型原爆の五〇〇倍、ベラルーシなど近隣諸国に深刻な放射能災害を引き起こした。放射能は遠くスカンジナビアのトナカイの肉からも検出された。

◆一九九六年　菅谷昭医師

チェルノブイリの原発事故は子供に深刻な甲状腺ガンを生んだ。当時のロシアや近隣諸国の外科手術法では、外から見える顎の下に耳元から反対の耳元へざっくりと甲状腺ガン摘出後の醜い傷跡を残した。

このニュースは日本の医学界に伝わり、なんとかしなければと思い立った医師がいた。菅谷昭（すげのや　あきら・一九四三年生まれ）氏は信州大学第二外科の医師であった。大学は日本有数の甲状腺手術チームを抱えていた。菅谷氏はその甲状腺ガン手術の第一人者で、全く傷跡が残さずに甲状腺ガンを摘出する技術を習得していた。

彼は、大学から二週間の休暇を取ってベラルーシの病院を見学した。そこでは病院の廊下を埋めて手術を待つ子供たちがいた。ガンの発生率は日本の子供の約四〇倍だという。そして手術後の大きな傷跡を持つ少年少女も見かけた。

一九九六年に菅谷氏は大学を退職、ベラルーシの首都ミンスク（チェルノブイリの北西三四二キロ）

の国立ガンセンターで無給助手として働き始めた。生活費には退職金を当てた。医師免許制度上、彼は手術が出来なかった。しかし、ある日、院長が特別許可を出して彼に執刀させた。見学した医師たち一同は驚いた。甲状腺ガンを摘出しても全く傷跡が残らなかったのだ。

彼の技術を学ぶベラルーシの医師が続出した。やがて彼はもっと汚染がひどかった町に移り、単独で治療に従事した。そこに彼が教えたミンスクの医師たちが次々にと訪ねて来て助力を申しでてくれた。六年後、若い医師にも手術を任せても安心と菅谷氏は帰国した。

付記　核兵器

ちなみにウクライナはソ連圏にあったときは、米ソに次いで世界第三位の核兵器一二四〇発を保有していた。これは北米大陸に届くＩＣＢＭ用だった。だがソ連の崩壊後、一九九四年のブタペスト合意で、米英ロ三国は、ウクライナの「安全を保障した」ので同国は核兵器を放棄した。ウクライナが一度は核武装し、それを放棄した唯一の国だ。だが三大国の「安全保障」は結局、果されなかった。

15 レッセージモデル

◆一九〇四年のドイツ

「なんて利口な馬なのだ。ハンスは確かに算数ができます」。

一九〇四年にハンスの計算能力を調べた動物学者、動物園の園長、獣医師、騎兵隊の将軍、サーカスの団長ら十三人の委員は全会一致でそれを確認した。

馬は賢い動物で、乗り手が下手だとわざと商店の軒先に入って早く降りさせるようにするし、その後、単独で厩舎に帰ってゆく。

ハンスは、オースティン卿の持ち馬で、オースティン卿自身は数学教師、そして馬の調教師だった。ある日、オースティン卿が足し算の問題をつぶやくと、ハンスは蹄を鳴らして正解を知らせた。やがて加減乗除はもちろん「今日が八日の火曜日なら金曜日は何日目？」と聞くと、ハンスは蹄（ひずめ）を十一回鳴らして答えた。「賢い馬ハンス」は『ニューヨーク・タイムズ』が報道したほどだ。

三年後に心理学徒のフングストは、質問者が答えを知らない時や質問者がハンスの視野から隠されているとハンスの答えはデタラメになることを発見した。

なんとハンスは質問者が正解の回数になるとわずかに筋肉の緊張を緩めるのを感知して蹄を鳴らすのを止めたのだった。

馬は集団で暮らす動物で仲間の微妙な緊張を察して反応する。ハンスは人間の微妙な緊張と弛緩を読みとる「賢い馬」だったのだ。

◆多佳女の一中節

かにかくに祇園はこいし寝（ぬ）るときも　枕のしたを水のながるる　《吉井勇》

「吉井勇の歌碑」（**写真28**）が往時を語る京都祇園のお茶屋「大友」（だいとも）に女将で文学芸妓の磯田多佳がいた。彼女は谷崎潤一郎、吉井勇ら文学者や画家の浅井忠、津田青楓（つだ・せいふう）との交友があった。狭い京都にはサロン文化があり、文化人が各所で会合するので、輪が広まりやすかった。

写真28「かにかくに」の石碑

夏目漱石は一九一五年（大正四）三月十九日に京都へ旅し、友人の津田青楓の案内で木屋町の粋な旅館に泊まった。

翌日、祇園甲部の「一力」へゆく。「一力」は歌舞伎では「大石内蔵助の密書をお軽が読む有名なお茶屋」だ。おりしも漱石が訪ねた日、一力では「大石忌」で浅野内匠頭や四十七士の人形を飾って供養していた。

「一力」の女将は松本サダで、その妹がお多佳だった。お多佳は幼いときから井上流の舞を習い、やがて文学に目を開き、文学者と交流する。そして絶品だったのが音曲の一中節だった。

白川に張り出して建てた大友の居間でお多佳が、ひとり弾き歌いを始めると川向うで笑いさざめいていたお座敷が急にしんとなる。すると川のこちら側でも櫛比（しっぴ）するお茶屋が、次々に鳴りを潜め、客も芸妓もお多佳の渋いのどに聞き惚れた。

漱石もお多佳の一中節には心を動かされたらしい。津田の仲介で、七回以上、お多佳を招き、夜遅くまで文学論や俳句の合作をしている。お多佳は尊敬する漱石が少しも威張らずに軽口をいいながらも、芯が崩れないのに感激した。

北野天神の梅見に行く約束もできた。だが当日、お多佳は来なかった。違約だと漱石がいうと彼女は「わすれた」と返事したらしい。それは一文人として彼女を遇しようとした漱石から見ると花柳界風の弁解だったので隔てが生じた。漱石は後日の手紙で「うそはいかん」と多佳女を叱っている。

（多佳女に）春の川を隔てて男女哉　《漱石》

だが、三月末に大友で漱石が体調をくずし、寝込んだときは、お多佳は徹夜で看病し、四月十七日に無事、漱石を東京に帰らせた。

◆遺跡の送り手は

一九八四年かその前、私は奈良市飛鳥の甘樫丘（あまかしのおか）から、ぶらぶら歩いていると、道端の左側の低い地面を掘り返している一団の青年がいた。道路工事にしては雰囲気が違う。一休みするために上がってきた人に聞くと「水時計の跡です」と返ってきた。

奈良は出土品が多い。だが、まさか散歩中に偶然、千何百年も昔の水時計の跡＝飛鳥水落遺跡（あすかみずおちいせき）＝と出会うとは予想もしていなかった。

図9　水時計と時鐘（安西寛児・画）

飛鳥水落遺跡は、太い柱の跡がある石が整然と並んでいるのが、最初に見つかった。石同士がズレないように、その前後左右を玉石が強固に連結している。住宅にしては大規模だ。やがて漆を塗って防水した木箱の破片や銅管が出てきて、近くの川から水路を引いた跡がわかった。誰いうともなく「水時計だ」となり、出土した土器の年代から六六〇年に中大兄皇子（なかのおおえのおうじ）が作った漏刻（ろうこく）＝水時計＝の跡とされた(26)。私が数年後に飛鳥資料館にゆくと高さ数メートルの階段状の水時計の複製があった。階段には大きな箱が数個おかれ、上から下の箱に順に水が移る。砂が沈んで澄んだ水が最下段の箱に貯まる。箱には目盛りがあり、水面の高さで時刻がわかる（**図9**）。それに応じて、係が鐘や太鼓を鳴らすのだ。ところで、中大兄皇子

(26)これは斉明天皇の皇太子だった中大兄皇子が飛鳥水落遺跡である。「時の記念日」の水時計は天智天皇になってからの六七一年の製作である。

は千年以上も後の我々に「時計があったよ」とこの遺跡を残したのだろうか。

◆伝わるメッセージ

賢い馬のハンスは質問者の無意図のメッセージを読み取っていた。お多佳は、他のお座敷に聞かせようとは思わなかったが、人々はそれに聞き惚れた。これを「伝えるメッセージ」に対して「伝わるメッセージ」だ。さらに私は、それを名付けてレシバース・メッセージ、略して「レッセージ」（RECSAGE）と名付ける。

菊を採る　東籬の下、悠然として南山を見る　（陶淵明）

夏目漱石は「非人情」の世界を描いた小説『草枕』で右の陶淵明の詩を引いている。「ただ南山を見るだけで、やかましい世の中を忘れた光景に出会う。垣の向うから隣家の娘が覗いているのでもないし、南山に親友が働いているのでもない。超然と人間世界の利害得失を忘れた心持ちになる」という意味の文を書いている。この場合、南山は漱石への伝えるメッセージの「送り手」だろうか。中大兄皇子は、考古学者に対して「送り手」といえるだろうか。このように送り手がいない場合や、前述のように送り手が意図しないでも、受け手が何かを感知する場合は「伝わるメッセージ」が発生する。

◆去りゆく電車

一九六〇年ごろ、東京の国電（現・ＪＲ）に乗ったＪ君がいた。Ｊ君は若くして欧州への特派員を命じられた。彼は、その朗報を恋人のＫ嬢に伝えようとした。当時、電話のある家は少なく、二人は手紙で会う打合わせをしていた。

国電は大きく輪を描く山手線と、その中心を水平に横断する中央線からなる。東京駅を出た山手線と中央線は、神田から三〇秒ほど並行して走り、左右に分かれる。Ｊ君は中央線に乗って新宿に向かっていた。すると偶然向かい側を走る山手線のドア際にＫ嬢が立っていた。

「会いたい」とサインすると、彼女は窓に指で大きな円を描き、すぐ水平線を引いての右の交点を指した。「東京駅へ戻れといっている」とＪ君は思った。めいめい次の駅で上りに乗り換えればすぐに会える。

Ｊ君は諒解の合図を送り、Ｋ嬢の電車はみるみる離れ去った。次の駅でどうやって乗り換えたか、気がつくと、彼は東京駅のホームにいた。だが、電車を何本待ってもＫ嬢は現れなかった。傷心のＪ君は一人ヨーロッパに旅立った。

やがて事情がわかった。Ｋ嬢はこのまま乗り続けて二人がよく会っていた新宿の喫茶店で会おうと円の西（彼女からみて左の交点）を指したのだ。だがガラス窓を反対側からみていたＪ君は図形が裏返しだと気づかなかった。

人はそれぞれ自分のガラス窓（認知構造）を持ち、それでコトバを読み取るという「能動的な」働きをしている。だから「受け手」という言葉自体正しくない。

◆マスコミの現場で

一九六四年に、私はテレビ局で外国語講座番組を担当するようになり、コトバや、手信号でスタッフに用件を伝え、外国語で外国人と打ち合わせをするようになった。

言語コミュニケーションや映像学に興味を持ち、そこで思いついた考えを『からくり絵箱』に上梓した。その「あとがき」を書いた時、自分なりの造語で「レッセージ」という造語を思いついた。その造語で、いろいろ整理できる。

ひとつは言語の一面性で、これは私にとっては大きな発見だった(27)。

次に、コトバとは「品物の受け渡し」ように送り手から受け手に移動するのではなく、受け手は、そのコトバを自分なりに解釈する。送り手のコトバの意味と受け手の解釈が一致してはじめて「通じた」ことになるのだ。これをモデル化したのが、「レッセージ・モデル」(**図10**)だ。

左側の送り手が送ったメッセージはディスプレイAに表示される。すると右側の受け手は、自分のディスプレイBをそれに重ねて解釈する。そして受け手なりのメッセージを作り出す。これが「レッセージ」だ。

ディスプレイAはディスプレイBではないから、メッセージとレッ

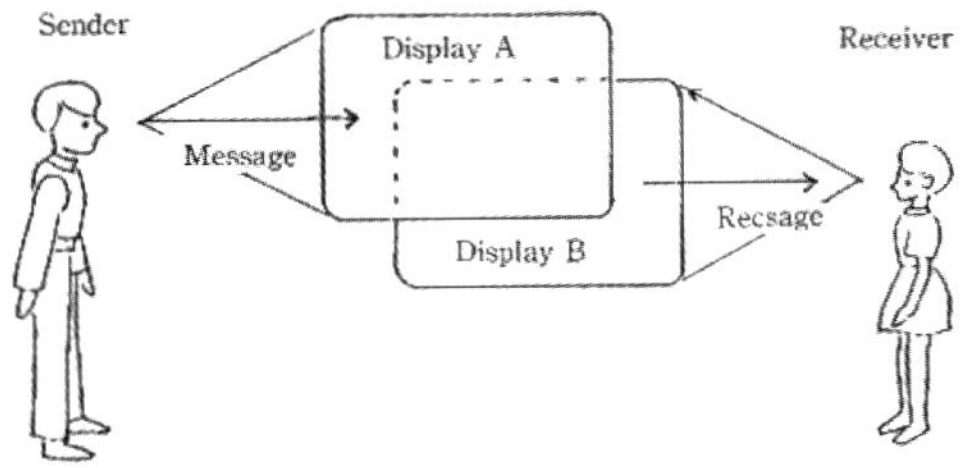

図10 レッセージモデルの概念図

(27) 拙著「夕焼けの空」『からくり絵箱』所収。

セージは、ずれることがある。メッセージとレッセージが一致したら「幸運な誤解が生じた」と考えるべきだろう。

漱石と多佳女の「隔て」は、漱石が、文学愛好者同士の付き合いとして、たとえば「止むを得ない用件ができまして」と正直に多佳女がいうことを期待した。しかし、多佳女は京都花柳界の約束で「他のお客とでかけた」という「野暮」はいわず「わすれた」といえば京都の遊びの客は「ああそうか」と許してくれるだろうと「わすれた」といったのだ。だが江戸っ子の漱石には許せなかった。

◆ディスプレイ

ディスプレイという英語は、①展示する、②翼を広げる、③能力を示す、④見せびらかす、の意味があり、語源は古いフランス語の「折りたたんでいるものを広げる」という消極的な意味だ。日本でディスプレイはパソコンの画面や商店のショーウインドウ、博物館の展示などを指す。それらはキャッチバーの客引きのように強引に「受け手」に対して働かない。だが受け手がそれに注目すれば「伝わるメッセージ」が返ってくる。陶淵明は南山に向かい能動的に走査＝Scanningして、山から戻る感動を自分のディスプレイで受け止めて詩作した。

考古学者が水時計の跡を見れば（走査すれば）、それが「古い文化財」の跡だとわかる。その量と質は受け手の知識、経験によって大きく変わる。送り手がいなくても、受け手は南山や遺跡を見て、そこから返ってくる「伝わるメッセージ」をレッセージとして受け取ったのだ（**図11**）。

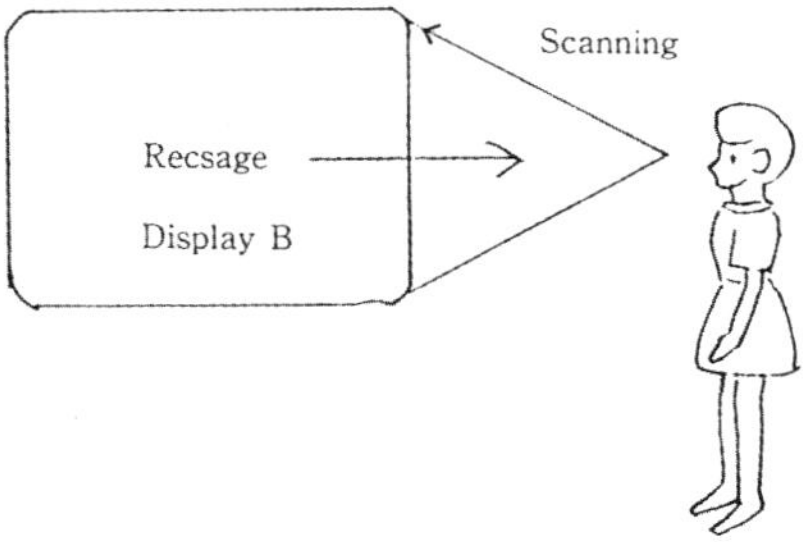

図11　送り手がいないスキャニング

「伝わるメッセージ」は、送り手がいても、彼が無意識に腕時計を見たり、腕を組んだりする動作から、受け手が汲み取るような場合にも、流れることがある。だが、人はレッセージを受け取るだけでは実は十分ではない。それを言語化して、送り手に送り返し、送り手の意図を確認し、自分なりにそれを「コトバ」にしないと、本当に分かったことにはならないのだ。

小学校六年生の時、先生が引力についてお話しをしてくれた。すると教室の後方で、二〜三人の男の子が、おしゃべりをしてゲラゲラ笑いこけている。先生が「なにを話している」と聞くと、A君は「B君が、もし地球の引力がなくなると人がみんな空の方へ飛んでゆく。それが面白い」と答えた。先生は「何を下らないことをいって騒ぐ」と叱った。私はそのとき「A君やB君は、そうコトバにすることで本当に引力というものが何か分かったのだ」と思った。このことはニューヨークの大学でゼミ形式の授業を受けた時、本当に分かった。

あとがき

本書は第一部「自分史」と第二部エッセイ集からなる。

これまで放送や視聴覚教育メディアの歴史は紀要などに書いてきた。私の幼少期からみるとメディアの変化は急速で、人々の生活も大いに変わった。今後もより急速に変化してゆくことだろう。教育界も軍国主義から民主主義教育に基準を変え、教授方法も黒板とチョークから、学童単位に電子機器を持たせるようになった。読書人口は半減し、幼児もスマホに時間を費やすという。

蟹工船や移民の歴史を調べ、一般人の生活記録は残らないことに気づいた。欧米に比べて日本は天災が多く、住宅事情が貧弱なのも一因だろう。そのため過去の教訓は蓄積されない。そこで素描だが、九〇歳を迎え、テレビメディアの世界と、教育(研究、開発)の世界を結んで過ごした半生を第一部で顧みてみた。

書籍は読むだけでなく、ゆかりの土地をたずね、その著者に手紙を出して尋ねると、裏話などさらに興味深い事実を学ぶ。

第二部は、缶詰びん詰レトルト食品協会の『缶詰時報』に「琴川渉捕物控」として二〇一七年から毎月連載した六〇編から、そうした実例で自分史を補うものを十五編選んでリライトした。

二〇二四年に子供や知人に配布するつもりで『私の航跡』をA四版の冊子に仕上げた。すると岩城淳子先生に一藝社の小野道子社長をご紹介いただき、本書が世に出ることになった。編集にきめ細かなご配慮を下さった川田直美様に心からお礼申し上げる。

今、プリントアウトを読み返してみると、本当に見えざる手に導かれて、進学、就職、転職の道をたどったことが分かり、感謝に堪えない。

多くの恩師、先輩、友人、家族のおかげで、島から島へと「ウサミ丸」は航海してきた。笠戸丸を調べるうちに、思いがけないご縁で故地をつぎつぎに訪問できた時から感じていたが、今は確かな導き手があることが確信になっている。

車いす生活の不便、難聴、器具の摩擦による劇痛に苦しむ日々もあるが、終りの日まで讃美歌の「やすかれ、わがこころよ、主イエスはともにいます」〈曲はフィンランド国歌〉を心に念じつつ生きてゆこう。

宇佐美昇三

表紙絵
「神戸港を出発する移民船笠戸丸」
野上隼夫・画
裏表紙絵
「帆船とキャプテン」（パステル）
宇佐美静江・画
カバーデザイン・Aya Fujishiro

著者製作の切り絵

著者紹介

1934年名古屋市生まれ。太平洋戦争中の暮らしを記憶する最後の世代。

生まれつき左利きで、右手に矯正され、文字を書くのが苦手。

和光学園中学・高校時代、進歩主義教育を受け、個性を伸ばす。

工作は下手の横好きで現在も模型を作る。鉄道切符製の艦船模型は1千隻を超す。

学生時代は人形劇、演劇で舞台照明や音響効果、シナリオを担当。

その頃NHKから教育テレビ番組の台本を委嘱され30数本を放送。

1959年NHKに就職、国際局、教育局で放送番組ディレクター。

1961年フルブライト全額支給留学生としてニューヨーク大学大学院でコミュニケーション・アーツを学ぶ。

1974年NHK放送文化研究所で視聴覚教育、教育工学の専門を生かし、新放送方式の番組開発に従事。

50歳のとき、上越教育大学に転職、助教授、のち教授
7年後に駒沢女子大学教授（兼）日本大学芸術学部非常勤講師
大学ではメディアを介した授業方法を開発。

この間、ニューヨーク大学、インド・ムドラ大学院、ブラジルのサンパウロ大学で客員教授。

趣味は船を見ることと海洋文学を読むこと。


著書『からくり絵箱』青英舎、『学校のためのビデオブック』ぎょうせい、『笠戸丸から見た日本』海文堂出版、『蟹工船興亡史』凱風社、『信濃丸の知られざる生涯』海文堂出版。

共著『発想別英語会話教授法』日本放送出版協会、『「差別表現」を考える』光文社、『ケースブック大学授業の技法』有斐閣、『教育メディアの原理と方法』日本放送教育協会、『国際協力としての教育放送』日本放送教育協会、『教育放送の国際展開・総括と展望』海外教育放送研究会。

訳書・ルディ・ブレッツ著『教育工学序説』教育調査研究所。

その他、研究報告書、英語教材など。

2024年夏撮影

私の航跡　メディアと教育のあいだ

2025年3月3日　初版第1刷発行

著者　宇佐美昇三
発行者　小野 道子

発行所　株式会社 一 藝 社
〒160-0014東京都新宿区内藤町1-6
Tel. 03-5312-8890　Fax. 03-5312-8895
E-mail : info@ichigeisha.co.jp
HP : http://www.ichigeisha.co.jp
振替　東京00180-5-350802
印刷・製本　株式会社丸井工文社

ICHIGEISHA

定価はカバーに記載しています。

2025 Printed in Japan
ISBN 978-4-86359-294-0 C0095
乱丁・落丁本はお取り替えいたします